한국 교회사 속의 예수 그리스도

속회공과

한국 교회사 속의 예수 그리스도

하나님은 우주 만물을 창조하시고, 지금 이 순간에도 세상의 모든 질서를 운행하고 계십니다. 하나님의 계획은 빈틈이 없으며, 여전히 우리 삶에서 하나님의 뜻이 이루어지고 있습니다.

성경 말씀은 이와 같은 하나님의 계획을 보여 줍니다. 하나님은 구약성경으로 오실 예수 그리스도에 대해 말씀하시고, 신약성경으로 오신 예수 그리스도에 대해 말씀하시면서 하나님이 어떻게 일하고 계신지를 보여 주셨습니다. 그리고 예수 그리스도를 믿고 따르는 그리스도인들을 통해 자신의 뜻을 이루길 원하십니다. 예수를 그리스도로 믿고 고백하는 교회 공동체는 하나님의 뜻을 삶의 자리에 실현하는 신앙 공동체가 되어야 합니다.

2023년부터 2025년까지 속회공과의 총 주제는 '**예수 그리스도의 복음, 역사로 읽다**'입니다. 이 주제 아래 하나님께서 예수 그리스도를 통하여 역사 속에서 어떻게 일하시는지 구체적으로 살펴보고자 합니다. 3년 과정의 속회공과 커리큘럼에서 다루는 주제는 다음과 같습니다.

예수 그리스도의 복음, 역사로 읽다		
2023년	2024년	2025년
이스라엘 역사 속의 예수 그리스도	세계사 속의 예수 그리스도	한국 교회사 속의 예수 그리스도

　　2025년 속회공과의 주제는 '**한국 교회사 속의 예수 그리스도**'입니다. 이 주제로 이스라엘 역사와 세계 역사 속에서 일하신 하나님께서 한국교회를 위해, 또 한국교회를 통해 어떻게 일하셨는지 배우게 됩니다.

　　하나님은 하나님의 백성을 택하여 주의 뜻을 이루길 원하셨습니다. 그래서 선교사들을 통해 이 땅에 복음을 전하게 하시고 하나님의 뜻이 이루어지게 하셨습니다. 예수 그리스도를 구주로 영접한 초기 신앙의 선배들은 하나님의 뜻을 따라 당시 사회를 변화시켰습니다. 그 중심에 한국교회가 있었습니다.

　　역사는 과거에서 현재로, 현재에서 미래로 이어집니다. 현재는 과거에서 영향을 받고, 미래에 영향을 끼칩니다. 그런 면에서 초기 한국교회가 오늘의 교회를 있게 했습니다. 그런데 오늘 우리는 초기 한국교회의 아름다운 신앙을 잊어버리고, 선조들의 빛나는 신앙 유산을 잃어버리고 말았습니다. 역사적 사실들을 잊어버리면 나중에는 역사 자체를 잃어버리게 됩니다.

　　이번 속회공과를 통해 신앙 선배들의 발자취를 되짚어 보면서 잊어버린 신앙 전통을 다시 발견하고, 오늘 우리의 믿음을 새롭게 세우는 기회로 삼아야 합니다. 선조들의 믿음을 배우면서 세상을 변화시키는 빛과 소금의 역할을 감당하는 성도와 교회로 거듭나야 합니다. 그래서 하나님께서 우리에게 허락하신 신앙 전통이 끊이지 않고 흐르게 해야 합니다. 현재 우리의 믿음이 미래 세대 신앙에 영향을 미친다는 사실을 기억하고, 아름다운 믿음의 열매를 맺는 신앙 공동체로 성숙해 가기를 소망합니다.

1. 특징

- 올해 속회공과의 주제인 '한국 교회사 속의 예수 그리스도'에 맞게 성경 본문을 구성하고 집필했습니다.
- 각 과의 주제, 성경 본문과 맥을 같이하는 한국교회 역사 일화를 소개했습니다.
- 속회 인도자가 공과를 읽어 가면서 쉽게 가르칠 수 있도록 내용을 구성했습니다.
- 말씀을 쉽게 이해하도록 집필했습니다. 모든 말씀은 집필자들이 함께 모여 성경 본문을 근거로 연구했습니다.
- 각 과의 핵심 내용을 담은 '암송할 말씀'을 제시하여, 말씀을 묵상하며 마음에 담도록 했습니다.

2. 구조

- 1, 2대지는 성경 본문을 주해하고, 3대지는 각 과의 주제에 맞는 한국교회 일화를 소개했습니다. 한국교회 일화는 다음 책을 참고했습니다.
  『한국교회 처음 이야기』, 이덕주 지음, 홍성사(2006)
  『이덕주 교수가 쉽게 쓴 한국교회 이야기』, 이덕주 지음, 신앙과 지성사(2009)
- 부활절과 성탄절에는 각 절기에 적합한 성경 본문과 공과 내용을 준비했습니다.

1 **한 주간의 삶 나누기**
서로 환영하면서 지난 한 주간의 은혜를 나눕니다.

2 **조용한 기도**
인도자가 시편을 비롯한 묵상의 말씀을 읽으며 예배를 시작합니다.

3 **찬송**
공과 내용에 맞는 찬송을 선정했습니다. 인도자가 그날의 상황에 따라 찬송을 바꾸어 불러도 좋습니다.

4 **기도**
매주 한 명씩 순서를 정하여 돌아가면서 기도합니다.

5 **오늘의 말씀**
말씀의 뜻을 새기며 모든 속회원이 천천히 소리를 내어 읽습니다.

6 **암송할 말씀**
각 과의 핵심 내용을 담은 말씀을 한 주간 묵상하며 암송합니다.

7 **말씀 나누기**
은혜로운 말씀을 듣고 나누는 시간입니다. 성경 본문의 줄거리와 세 개의 핵심 내용, 결론으로 구성하였습니다.

8. 말씀 행하기

'**묵상 질문**'은 성경을 더 깊이 있게 묵상하면서 말씀에 대한 이해의 폭을 넓히도록 돕습니다. 제시된 질문에 단순히 예, 아니오로 답하지 않고, 경험하거나 생각한 것들을 자신의 언어로 표현하고 고백해 봅니다.

'**삶에 적용하기**'는 묵상한 말씀을 자신과 공동체의 삶에서 구체적으로 실천하도록 안내합니다. 속장과 인도자는 속회에서 배운 내용을 삶에서 나타낼 수 있도록 속회원들을 적극 격려합니다.

9. 중보 기도

공동의 기도 제목과 서로의 기도 제목을 나눈 뒤 합심하여 기도합니다. 다음 속회로 모이기까지 서로를 위해 중보 기도합니다.

10. 헌금과 찬송

받은 은혜에 감사하여 찬송과 더불어 헌금하는 시간입니다. 헌금 후 정한 순서에 따라 헌금 기도를 합니다.

11. 마침 기도

다 같이 주님이 가르쳐 주신 기도를 합니다.

12. 사랑과 축복 나누기

예배를 마친 후 '사랑합니다', '축복합니다'라는 인사말로 서로를 축복하며 삶의 자리로 나아갑니다.

1. 속회를 재미있게 운영하라
   - 이벤트를 마련하라.
   - 유머를 사용하라.
   - 사람들의 관심이 무엇인지 알아야 재미있게 운영할 수 있다.
   - 놀이를 계획하라.

2. 협조와 도움을 구하라
   - 속회원들의 재능에 따라 협력을 구한다.
   - 서로 돌보는 것은 지체의 원리이며 건강의 비결이다.
   - 편지, 전화, 음식 등 작은 일은 부탁한다.
   - 구체적인 기도 제목을 적어 주며 중보 기도를 분담한다.

3. 시간과 물질을 투자하라
   - 시간을 들인 만큼 거두는 것이다.
   - 속회를 위해 철저히 준비하고, 매 속회 시 기쁨의 일을 만든다.
   - 함께 만나는 시간을 가진다.
   - 기념일이나 문안 등 모든 경우에 가급적 선물을 준비한다.
   - 같은 시간에 중보 기도를 하도록 정하고, 반드시 확인한다.

4. 목표를 세우고 원칙대로 운영하라
   - 속회의 목표를 세우되, 구체적이고 실천 가능한 것으로 세운다.
     (표어, 신앙 성장 목표, 전도 목표, 축복 목표 등)
   - 교회의 목표를 다시 한번 되새기게 한다.
   - 속회 드리는 순서를 지키도록 한다.
   - 순서 하나하나에 정성을 다한다.

한 주간의 삶 나누기

조용한 기도

찬송	550장 시온의 영광이 빛나는 아침
기도	맡은 이
오늘의 말씀	마태복음 1장 1~17절
암송할 말씀	아브라함과 다윗의 자손 예수 그리스도의 계보라 (1)

말씀 나누기

마태복음은 예수 그리스도의 계보로 시작합니다. 모든 사람을 구원하기 위해 오시리라 약속된 구세주는 하나님의 뜻 가운데 오랜 역사를 거쳐 마침내 세상에 오셨습니다. 하나님은 이스라엘의 역사뿐만 아니라, 온 세상의 역사를 주관하십니다. 역사의 주관자이신 하나님은 한국교회 안에도 그리스도의 계보를 세우셨습니다.

하나님은 그리스도의 계보를 어떻게 세우셨습니까?

첫째, 이스라엘 민족을 통해 세우셨습니다.

마태복음 첫머리에 등장하는 예수 그리스도의 계보는 구약성경에 기록된 이스라엘의 역사를 축약해서 보여 줍니다. 이 역사는 크게 세 부분으로 나뉩니다. 첫 부분은 하나님의 백성 이스라엘의 조상인 아브라함에서 시작해서 하나님이 인정하신 다윗까지입니다. 둘째 부분은 다윗에서 시작해서 하나님의 징계로 예루살렘이 점령되고 백성이 바벨론의 포로가 되었을 때까지입니다. 마지막은 바벨론 포로기부터 하나님의 구원 약속이 성취된 예수 그리스도의 탄생 때까지입니다. 각각 열네 대씩 세 부분으로 구분된 이스라엘 역사에는 하나님이 택하시고 언약을 맺으신 많은 믿음의 사람이 등장합니다. 하나님의 은혜를 입으며 대를 이어간 믿음의 사람들이 예수 그리스도로 열매 맺는 믿음의 계보가 되었습니다.

둘째, 이방인들도 참여시키셨습니다.

예수 그리스도로 완성되는 믿음의 계보에는 독특한 인물들이 포함되어 있습니다. 보아스의 어머니인 라합은 여호수아가 이끄는 이스라엘 군대가 여리고 성을 함락할 때 그곳에 살던 기생입니다. 룻은 남편이 죽은 후 시어머니 나오미와 함께 이스라엘로 와서 하나님을 섬기며 산 모압 여인입니다. 룻은 밭에 떨어진 이삭을 줍다가 보아스를 만나 그의 아내가 되었고, 후에 다윗의 증조할머니가 되었습니다. 헷 사람 우리아의 아내로 소개된 밧세바는 다윗의 아내가 되어 솔로몬을 낳았습니다.

하나님은 라합, 룻, 우리아와 같은 이방인들도 그리스도의 계보에 참여시키셨습니다. 그리고 그분의 뜻 가운데 이방인인 우리도 그 계보에 들어갈 수 있게 되었습니다.

셋째, 한국교회에도 이어지게 하셨습니다.

하나님은 우리나라에도 많은 믿음의 사람을 보내셔서 그리스도의 계보를 이어가게 하셨습니다. 귀츨라프 선교사는 1832년 7월 서해안 고대도에 상륙하여 한 달간 머물면서 주기도문을 우리말로 번역해 가르쳤습니다. 영국 선교사 토머스는 1866년 8월 대동강으로 들어와 성경을 전해 주며 복음을 전하다가 순교했습니다. 스코틀랜드 선교사 로스는 만주에서 의주 사람 백씨에게 양초와 한문 성경책을 전해 주었습니다. 백홍준은 아버지가 만주에서 가져온 한문 성경을 읽은 후 만주 봉천으로 찾아가서 매킨타이어 선교사에게 세례를 받아 한국 개신교 첫 세례인이 되었습니다. 이후 아펜젤러와 언더우드가 우리나라에 들어와 본격적인 선교활동을 시작했습니다.

이렇듯 하나님은 한국교회에서 일하셨습니다. 우리는 그 뜻과 계획을 깨닫고, 선조들의 믿음을 이어받아 그리스도의 계보를 이어가야 합니다.

하나님이 이스라엘을 통해 이루신 그리스도의 계보가 한국교회를 통해서도 이어지고 있습니다. 하나님은 굳게 닫혀 있던 동방의 작은 나라에 복음의 빛을 비추기 위해 선교사들을 예비하셨습니다. 그리고 복음을 받아들일 수 있도록 우리 민족의 마음을 준비시키셨습니다. 이런 은혜 가운데 면면히 이어져 온 그리스도의 계보는 이제 우리가 이어가야 할 역사입니다.

말씀 행하기

묵상 질문
1. 그리스도의 계보에 있는 인물 중 가장 본받고 싶은 사람은 누구입니까?
2. 그리스도의 계보에 있는 이방인들은 어떤 사람이었습니까?
3. 나의 믿음의 계보는 어떻게 이루어졌습니까?

삶에 적용하기
우리 교회의 역사를 살펴보고, 하나님이 어떤 은혜를 베풀어 주셨는지 구체적으로 나누어 봅시다.

중보 기도　　　하나님 나라와 건강한 교회와 행복한 가정을 위해 기도합니다.
[나라와 민족, 담임목사와 교회, 선교사와 선교지, 속회원, 전도 대상 등 서로의 기도 제목을 나누고 함께 기도합니다.]

헌금/찬송　　　560장 주의 발자취를 따름이

마침 기도　　　주님의 기도 [서로를 축복하며 삶의 자리로 나아갑니다.]

한 주간의 삶 나누기

조용한 기도

찬송	552장 아침 해가 돋을 때
기도	맡은 이
오늘의 말씀	요한계시록 2장 2~5절
암송할 말씀	그러므로 어디서 떨어졌는지를 생각하고 회개하여 처음 행위를 가지라 만일 그리하지 아니하고 회개하지 아니하면 내가 네게 가서 네 촛대를 그 자리에서 옮기리라 (5)

말씀 나누기

하나님은 사랑이십니다. 우리가 죄를 범해 하나님과 원수 되었을 때도 하나님은 십자가를 통해 당신의 사랑을 우리에게 확증해 주셨습니다. 이 같은 하나님의 사랑으로 우리는 무엇이든 견디고 이길 능력을 갖추게 되었습니다. 그런데 오늘 말씀의 에베소 교회는 이런 하나님을 향한 처음 사랑을 버렸다고 책망받았습니다.

처음 사랑을 회복하려면 어떻게 해야 할까요?

첫째, 어디서 떨어졌는지를 생각하고 회개해야 합니다.

예수님은 에베소 교회가 사악한 자들을 용납하지 않고, 스스로 사도라고 말하는 자들의 거짓을 드러냈다고 말씀하셨습니다. 또한 예수 그리스도의 이름을 위해 견디고 낙심하지 않았다고 칭찬하셨습니다. 하지만 책망하신 것도 있습니다. 그들이 하나님을 향한 처음 사랑을 버렸다는 것입니다. 예수님은 처음 사랑을 회복하기 위해 어디서 떨어졌는지를 생각하라고 하셨습니다. 죄의 원인을 깊이 생각하고, 과거와 현재의 차이가 무엇인지를 찾으라는 말씀입니다.

주님을 처음 만나 신앙생활을 시작할 때의 믿음의 행위와 지금의 행위가 어떤 차이가 있는지 돌아보고 회개해야 합니다. 그동안 성장은커녕 오히려 퇴보했다면, 즉시 처음 사랑으로 다시 시작해야 합니다.

둘째, 처음 행위를 가져야 합니다.

예수님은 처음 사랑을 기억하려면 처음 행위를 다시 하라고 말씀하셨습니다. 사랑은 말로만 하는 것이 아닙니다. 몸으로 실천해야 합니다. 에베소 교회는 주님을 향한 사랑을 몸으로 드러냈습니다. 주의 일을 위해 수고하고 인내했습니다. 또한 악한 자들을 용납하지 않고, 거짓 사도들을 시험하여 그들의 죄를 드러냈습니다. 주의 나라를 위해 참고, 주의 이름을 위해 견뎌냈습니다. 교회 공동체를 위해 부지런히 사역하며 섬겼습니다. 하지만 그들은 처음 사랑을 잃어버려 처음 행위에서 벗어났기에 주님께 책망받았습니다. 주님은 처음에 했던 일을 다시 함으로 처음 사랑을 회복하라고 말씀하셨습니다. 우리도 하나님을 처음 만났던 그때의 감격과 감동을 기억하고, 순수했던 신앙생활로 돌아가야 합니다.

셋째, 우리도 처음 사랑이 있었음을 기억해야 합니다.

한국교회도 처음 사랑이 있었습니다. 의주 상인 백홍준은 외국인 선교사가 내한하기 전인 1879년에 세례를 받고 개신교 첫 세례교인이 되었습니다. 그는 한문 성경을 스스로 공부하여 말씀을 진리로 받아들였습니다. 이후 1882년 만주에서 번역되어 출판된 우리말 성경들을 읽고 직접 신앙 공동체를 조직하여 열정적으로 복음을 전했습니다. 그러다가 3년간 감옥에 갇히면서도 신앙을 포기하지 않았습니다. 그가 세운 의주 신앙 공동체는 새문안교회의 서상륜, 평양장로교회의 한석진, 정동감리교회와 의주읍감리교회의 최성균 같은 인재들을 배출했습니다.

우리는 처음 사랑을 회복하지 않으면 심판이 있다는 말씀을 잊지 말아야 합니다. 복음을 위해 헌신한 믿음의 선배들을 기억하며 우리도 그리스도를 향한 처음 사랑으로 돌아가야 합니다.

처음 사랑이 교회 회복의 기준입니다. 한국교회에는 말씀에 붙들려 산 선조들의 빛나는 신앙 유산이 있습니다. 그 신앙을 본받아 한국교회의 처음 사랑을 회복해야 합니다. 교회가 다시금 세상의 희망이 되기 위해서는 신앙 선배들의 모습을 기억하고, 그들의 신앙을 내 삶을 통해 되살리려는 결단과 실천이 반드시 있어야 합니다.

묵상 질문

1. 내 신앙생활에서 처음과 다르게 변질된 것은 무엇입니까?
2. 교회 안에서 본받을 만한 믿음의 행위는 무엇입니까?
3. 주님의 책망으로 깨닫고 돌이킨 일이 있습니까?

삶에 적용하기

처음 사랑을 회복하기 위해 지금 당장 해야 할 일이 무엇인지 나누고 실천해 봅시다.

중보 기도	**하나님 나라와 건강한 교회와 행복한 가정을 위해 기도합니다.** [나라와 민족, 담임목사와 교회, 선교사와 선교지, 속회원, 전도 대상 등 서로의 기도 제목을 나누고 함께 기도합니다.]
헌금/찬송	**88장 내 진정 사모하는**
마침 기도	**주님의 기도** [서로를 축복하며 삶의 자리로 나아갑니다.]

우물들을 다시 팠으니

한 주간의 삶 나누기

조용한 기도

찬송	384장 나의 갈 길 다 가도록
기도	맡은 이
오늘의 말씀	창세기 26장 17~25절
암송할 말씀	그 아버지 아브라함 때에 팠던 우물들을 다시 팠으니 이는 아브라함이 죽은 후에 블레셋 사람이 그 우물들을 메웠음이라 이삭이 그 우물들의 이름을 그의 아버지가 부르던 이름으로 불렀더라 (18)

말씀 나누기

이삭은 그랄 골짜기에 자리를 잡고 농사를 지어 그해 백 배를 수확했습니다. 하나님께서 그에게 복을 주셨기 때문입니다. 이삭의 재산이 늘자, 블레셋 사람들이 시기하여 이삭의 아버지 아브라함이 판 우물을 메워 버렸습니다. 이삭은 아브라함이 팠던 우물들을 다시 팠고, 그때마다 물이 흘러넘쳤습니다.

이삭이 우물을 다시 판 것은 어떤 의미가 있습니까?

첫째, 아브라함의 우물을 회복하는 것입니다.

블레셋 왕 아비멜렉은 강성해진 이삭에게 떠날 것을 명령했습니다. 이삭은 그랄 골짜기에 장막을 치고 블레셋 사람들이 메운 우물을 다시 팠습니다. 그리고 아버지 아브라함이 부르던 대로 이름을 붙였습니다. 이 우물은 아브라함이 블레셋 땅에서 아비멜렉과 언약을 맺으면서 값을 치르고 소유로 삼은 것이었습니다(창 21:27). 사막에서 물은 생명과도 같습니다. 이삭이 아버지의 우물을 다시 판 것은 물을 구하는 일뿐 아니라, 우물에 대한 아버지의 권리를 회복하는 일이었습니다.

이삭은 우물을 아버지 때 부르던 이름으로 불러 아브라함의 계승자가 되었고, 아버지의 신앙을 회복했습니다. 잃어버린 처음 사랑과 행위를 되찾아 돌이키는 결단이 있어야 믿음의 길을 끝까지 걸어갈 수 있습니다.

둘째, 아브라함의 하나님을 다시 만나는 것입니다.

그랄 땅 목자들은 이삭의 목자들과 다투며 이삭이 판 우물을 자신들의 소유라고 주장했습니다. 이삭은 그 우물의 이름을 '에섹(다툼)'이라고 지었습니다. 다시 판 우물을 두고도 또 다툼이 일어나자 이번에는 우물의 이름을 '싯나(대적함)'로 했습니다. 평화를 원한 이삭은 우물을 다시 팠고, 마침내 다툼이 그치자 번성하게 되었다는 의미로 '르호봇'이라 불렀습니다. 이삭은 거기서 브엘세바로 올라갔습니다. 브엘세바는 아브라함이 영원하신 여호와의 이름을 부른 곳입니다. 그 밤에 여호와께서 이삭에게 나타나 번성하게 하리라 약속해 주셨습니다.

이삭은 아버지의 신앙을 이어받아 제단을 쌓고 여호와의 이름을 부르며 그분을 자신의 하나님으로 고백했습니다. 우리도 선조들의 하나님을 만나 나의 하나님으로 고백해야 합니다.

셋째, 신앙의 뿌리를 찾는 것입니다.

이삭은 브엘세바에서 제단을 쌓아 하나님을 예배하고, 하나님의 이름을 부르며 아버지의 신앙을 되새겼습니다. 한국교회 신앙의 뿌리를 찾으려면, 1880년대부터 1910년까지 우리 민족 수난기에 일하신 하나님의 역사를 살펴보아야 합니다. 1884년 7월 한국 선교의 개척자인 매클레이 선교사는 고종 황제에게 교육과 의료선교를 윤허받아 합법적인 선교의 문을 열었습니다. 또한 1885년 4월 5일 부활주일에 아펜젤러와 언더우드가 인천 제물포를 통해 들어와 한국 선교의 첫발을 내디뎠습니다. 이후 초기 한국교회는 고통받는 민중을 깨우고 그들의 피난처가 되었습니다. 이러한 신앙의 뿌리를 되찾고 오늘 나의 신앙을 돌아보는 것이 새로운 내일의 교회를 준비하는 밑거름입니다.

이삭이 아브라함의 우물을 회복한 것은 신앙의 뿌리를 찾는 일이요, 아버지의 신앙을 이어받아 믿음의 계보를 잇는 일이었습니다. 이삭은 과거의 하나님을 오늘 나의 하나님으로 만났습니다. 신앙의 뿌리를 되찾을 때 변화가 시작됩니다. 우리도 신앙 선배들이 만난 하나님을 새롭게 만나 회복과 부흥을 이루어야 합니다.

말씀 행하기

묵상 질문
1. 되새겨야 할 은혜의 경험에는 어떤 것이 있습니까?
2. 하나님을 만나서 번성하게 된 경험이 있습니까?
3. 내 신앙의 뿌리는 무엇(누구)입니까?

삶에 적용하기
되찾아야 할 내 신앙의 뿌리와 경험을 나누어 봅시다.

중보 기도	**하나님 나라와 건강한 교회와 행복한 가정을 위해 기도합니다.** [나라와 민족, 담임목사와 교회, 선교사와 선교지, 속회원, 전도 대상 등 서로의 기도 제목을 나누고 함께 기도합니다.]
헌금/찬송	**301장 지금까지 지내온 것**
마침 기도	**주님의 기도** [서로를 축복하며 삶의 자리로 나아갑니다.]

나는 네 조상의 하나님이니

한 주간의 삶 나누기

조용한 기도

찬송	304장 그 크신 하나님의 사랑
기도	맡은 이
오늘의 말씀	출애굽기 3장 1~12절
암송할 말씀	나는 네 조상의 하나님이니 아브라함의 하나님, 이삭의 하나님, 야곱의 하나님이니라 (6)

말씀 나누기

모세는 애굽에서 도망하여 40년간 미디안 광야에서 양을 치며 살았습니다. 하나님은 자기 뿌리를 잊어버린 모세를 찾아오셨습니다. 그리고 불타는 떨기나무 가운데에서 '나는 네 조상의 하나님이요, 아브라함과 이삭과 야곱의 하나님'이라고 자신을 알려 주셨습니다.

'네 조상의 하나님'이라고 말씀하신 이유가 무엇입니까?

첫째, 언약을 발견하게 하기 위함입니다.

모세는 그동안 자신이 누구인지를 잊고 살았습니다. 하나님이 조상에게 주신 언약도 잊어버렸습니다. 그 옛날 애굽 왕이 히브리인의 모든 남자아이를 죽일 때 하나님께서 자신만 살려 주신 이유를 깨닫지 못했습니다. 이런 모세에게 하나님은 '나는 네 조상의 하나님이요, 아브라함의 하나님'이라고 말씀하셨습니다. 이는 모세가 그동안 잊고 있었던 언약을 회복시키시기 위함이었습니다. 그 말씀에 모세는 하나님이 아브라함과 맺은 "그들이 섬기는 나라를 내가 징벌할지며 그 후에 네 자손이 큰 재물을 이끌고 나오리라(창 15:14)."는 언약을 되새겼을 것입니다. 그렇게 그는 하나님의 언약을 되새김으로 자기 뿌리와 인생의 목표를 되찾을 수 있었습니다.

우리도 하나님의 언약을 다시 붙잡을 때, 내 신앙의 정체성과 삶의 분명한 목표를 세울 수 있습니다.

둘째, 사명을 회복하게 하기 위함입니다.

하나님은 모세에게 "내가 너를 바로에게 보내어 너에게 내 백성 이스라엘 자손을 애굽에서 인도하여 내게 하리라(출 3:10)."고 말씀하셨습니다. 모세는 살인하고 도망자가 되어 40년간 미디안 광야에서 이드로의 양을 치며 숨어 지냈습니다. 그렇게 긴 시간이 지나면서 사명 없는 삶을 살았습니다. 모세라는 이름에는 '건지다', '끌어내다'라는 뜻이 담겨 있습니다. 죽음의 위기에서 구원받은 모세에게는 그 이름처럼 민족을 건져내고 구원할 사명이 있었습니다. 모세는 선조들의 하나님을 다시 만난 후에야 자신이 이스라엘 백성을 출애굽시키기 위해 부름받은 사실을 깨달았습니다.

사명을 발견해야 삶의 의미와 목적이 회복됩니다. 우리도 선조들이 만난 하나님을 다시 만나 내가 감당할 사명을 재발견해야 합니다.

셋째, 과거의 역사가 오늘의 역사가 되게 하기 위함입니다.

선조들이 만난 하나님을 다시 만나면, 과거의 역사는 오늘 우리에게 살아 있는 역사가 됩니다. 이용도 목사는 기도하던 중 마귀에게 승리하는 체험을 한 후에 뜨거운 설교자가 되었습니다. 그는 폐결핵으로 하나님의 부르심을 받기까지, 오직 예수님의 사랑만 외치며 한국교회의 부흥 운동을 이끌었습니다. 수많은 고난 속에서도 쉬지 않고 기도하는 삶을 살면서 사랑의 본체이신 예수님만 알기를 원했습니다.

신앙 선조들의 하나님을 만나면 우리도 뜨거운 신앙을 회복할 수 있습니다. 과거에 일하신 하나님께서 지금, 이 순간에도 우리를 위해, 우리를 통해 일하고 계심을 깨닫게 되고, 과거의 은혜가 오늘 우리의 은혜가 됩니다.

하나님은 '나는 네 조상의 하나님'이라는 말씀으로 모세가 선조들의 신앙을 다시 기억하게 하셨습니다. 사명 없이 그저 세상에 묻혀 살던 모세를 일깨워 주셨습니다. 이렇게 선조들이 뜨겁게 만났던 하나님을 우리도 지금 만나야 합니다. 식은 가슴이 성령의 불로 다시 뜨거워져서 한국교회 부흥의 불씨가 되어야 합니다.

말씀 행하기

묵상 질문
1. 나의 부모님(조상, 선배)이 평생 붙잡은 말씀은 무엇입니까?
2. 하나님께서 내게 주신 사명이 무엇이라고 생각합니까?
3. 내가 만난 하나님은 어떤 하나님입니까?

삶에 적용하기
내 신앙 선조들의 삶을 구체적으로 되새겨보고, 그들이 걸었던 믿음의 길을 따라가 봅시다. (새벽기도, 감사의 삶, 입술을 열어 하나님의 역사를 간증하는 일 등)

중보 기도　**하나님 나라와 건강한 교회와 행복한 가정을 위해 기도합니다.**
(나라와 민족, 담임목사와 교회, 선교사와 선교지, 속회원, 전도 대상 등 서로의 기도 제목을 나누고 함께 기도합니다.)

헌금/찬송　**582장 어둔 밤 마음에 잠겨**

마침 기도　**주님의 기도** (서로를 축복하며 삶의 자리로 나아갑니다.)

한 주간의 삶 나누기

조용한 기도

찬송	200장 달고 오묘한 그 말씀
기도	맡은 이
오늘의 말씀	골로새서 4장 2~6절
암송할 말씀	하나님이 전도할 문을 우리에게 열어 주사 그리스도의 비밀을 말하게 하시기를 구하라 [3]

말씀 나누기

골로새서는 바울이 감옥에서 쓴 편지입니다. 이 편지로 교인들에게 그리스도를 따르는 자의 거룩한 삶을 권면하며, 전도의 문이 열리도록 기도해 달라고 부탁했습니다. 전도의 사명을 받은 그리스도인은 전도의 문이 열리기를 기대하며 준비해야 합니다.

전도의 문이 열리려면 무엇을 해야 합니까?

첫째, 기도해야 합니다.

바울은 쇠사슬에 매여 있었지만, 전도의 열정은 변함이 없었습니다. 그는 골로새 교인들에게, 하나님이 전도의 문을 열어 주셔서 자신이 그리스도의 비밀을 전할 수 있도록 기도해 달라고 부탁했습니다. 복음을 위해 일생을 헌신했고 많은 전도의 열매를 맺은 바울이지만, 그도 역시 복음 전도 사역을 위해서는 기도가 필요했습니다. "전도의 문을 열어 주소서.", "그리스도의 비밀을 말하게 하소서." 바울은 능력 있는 전도자였지만, 기도가 없었다면 전도의 열매는 없었을 것입니다.

기도는 하늘의 문을 열고, 사람의 마음문을 엽니다. 그리스도의 비밀을 전할 사명을 맡은 우리도 복음을 전할 때, 그 영혼의 마음문이 열리도록 간구하는 일을 절대로 잊어서는 안 됩니다. 기도가 전도의 문을 여는 열쇠입니다.

둘째, 지혜를 구해야 합니다.

전도는 말이나 글로 하지만, 그것이 열매 맺기 위해서는 그에 합당한 지혜가 있어야 합니다. 지혜는 그리스도의 비밀을 말할 기회를 얻는 것이고, 그 기회를 효과적으로 활용하는 것입니다. 세월을 아껴서 전도할 수 있는 때와 장소를 얻어야 합니다. 모든 인간이 똑같이 24시간을 받았지만, 활용하는 방법에 따라 그 결과는 달라집니다. 주어진 시간을 선하게 사용하여 복음을 전하고, 전도의 열매를 맺어야 합니다. 또한 자기 삶을 통해, 곧 말과 행동을 지혜롭게 함으로 그리스도의 비밀을 세상에 보여 주어야 합니다. 불신자들에게 주님이 주시는 지혜로 다가가야 그 마음이 열리고 전도의 기회를 얻을 수 있습니다. 전도의 문이 열리도록 신중하게 행동하고, 주신 기회를 잘 사용할 지혜를 구합시다.

셋째, 적합한 방법을 찾아야 합니다.

스코틀랜드 선교사 로스는 1874년 만주 봉천 근처 '고려문'이라고 불리는 국경 지역에서 조선인들에게 복음을 전했습니다. 그들 대부분은 의주에서 건너온 상인이었습니다. 그들은 로스가 전하는 복음에는 도통 관심이 없고, 선교사가 입은 양복 옷감에만 눈길을 주었습니다. 그들의 관심사를 파악한 로스 선교사는 그들에게 다가갈 좋은 방법을 생각해 냈습니다. 상인들에게 양초 한 자루와 함께 한문 성경을 나누어 준 것입니다. 의주 상인

백씨는 선교사에게 받은 이 한문 성경을 아들 백홍준에게 주었습니다. 백홍준은 3년 동안 스스로 성경을 익힌 후 선교사를 찾아와 세례를 받아 한국 개신교 최초의 세례자가 되었습니다. 우리도 전도하기 위해 가장 적합한 방법을 찾아 땅끝까지 복음을 전해야 합니다.

바울은 골로새 교인들에게 전도의 문이 열리도록 기도를 부탁하면서, 지혜롭게 행동하여 세월을 아끼라고 당부했습니다. 만주의 선교사들도 기도하며 지혜로운 방법으로 상인들에게 복음을 전하여 마침내 우리나라에 전도의 문이 열렸습니다. 이제 그 문을 더욱 활짝 열 사명이 우리에게 있습니다. 오늘도 기도하고 지혜를 구하는 이들이 열매를 맺을 것입니다.

말씀 행하기

묵상 질문

1. 기도하고 있는 전도 대상자는 누구입니까?
2. 불가능할 것 같았던 이에게 복음을 전한 경험이 있습니까?
3. 전도 대상자에게 다가가는 방법에는 어떤 것들이 있습니까?

삶에 적용하기

전도 대상자를 정해 기도하며, 전도하기 위해 무엇을 해야 할지 나누고 실천해 봅시다.

중보 기도　　하나님 나라와 건강한 교회와 행복한 가정을 위해 기도합니다.
[나라와 민족, 담임목사와 교회, 선교사와 선교지, 속회원, 전도 대상 등 서로의 기도 제목을 나누고 함께 기도합니다.]

헌금/찬송　　510장 하나님의 진리 등대

마침 기도　　주님의 기도 [서로를 축복하며 삶의 자리로 나아갑니다.]

6과 하나님의 말씀은 살아 있고

조용한 기도

찬송	203장 하나님의 말씀은
기도	맡은 이
오늘의 말씀	히브리서 4장 12~13절
암송할 말씀	하나님의 말씀은 살아 있고 활력이 있어 좌우에 날선 어떤 검보다도 예리하여 혼과 영과 및 관절과 골수를 찔러 쪼개기까지 하며 또 마음의 생각과 뜻을 판단하나니 [12]

말씀 나누기

사람이 살아가려면 반드시 힘과 능력이 있어야 합니다. 직장인은 맡은 일에 합당한 능력이 있어야 인정받고, 부모 역시 능력이 있어야 가정을 잘 이끌어 갈 수 있습니다. 힘과 능력이 있어야 신앙과 믿음도 잘 지킬 수 있습니다. 하나님의 말씀에는 능력이 있습니다. 하나님의 말씀은 우리를 거룩한 자녀로 살 수 있게 합니다.

하나님의 말씀은 어떤 능력이 있습니까?

첫째, 생명력이 있습니다.

성경은, 하나님의 말씀이 살아 있고 운동력이 있어 좌우에 날 선 어떤 검보다도 예리하여 혼과 영과 및 관절과 골수를 찔러 쪼개기까지 한다고 증언합니다. 살아 있다는 것은 생명력이 있다는 것이고, 운동력이 있다는 것은 변화시키는 힘이 있다는 것입니다. 사도 베드로가 하나님 말씀을 선포하자 모든 사람이 "형제들아, 우리가 어찌할꼬?"라고 탄식하며 회개했습니다. 엠마오로 내려가던 두 제자도 부활하신 주님을 만나 말씀을 듣는 순간 마음이 뜨거워져서 예루살렘으로 돌아가 복음의 증인이 되었습니다.

하나님의 말씀은 사람의 인격과 삶을 변화시키는 힘이 있습니다. 우리 영혼을 살리고 힘과 능력을 더하는 말씀을 늘 가까이하고, 말씀에 붙잡힌 삶을 살아가야 합니다.

둘째, 마음의 생각과 뜻을 드러냅니다.

하나님의 말씀은 마음에 품은 생각과 의도를 밝혀냅니다. 그래서 말씀에 자신을 비춰 보면 우리의 연약한 부분과 병든 부분을 알게 됩니다. 말씀의 빛은 우리 내면을 밝히고, 어둠이 틈타지 못하게 합니다. 그래서 말씀을 가까이하는 사람은 영혼이 맑아지고 건강해집니다. "지으신 것이 하나도 그 앞에 나타나지 않음이 없고 … 벌거벗은 것 같이 드러나느니라(13)."는 말씀처럼, 하나님의 말씀은 우리의 죄와 허물을 드러내 회개하게 합니다. 거룩한 삶을 살아가게 이끕니다. 날마다 말씀의 거울에 자신을 비추어 보는 실천이 마음의 생각과 뜻을 지키는 비결입니다.

셋째, 변화시키는 능력이 있습니다.

하나님의 말씀은 생명력이 있고, 마음의 죄를 드러내 회개하게 하여 사람을 변화시킵니다. 의주 상인 이응찬은 압록강에서 배가 뒤집히는 바람에 싣고 있던 물건을 모두 잃었습니다. 큰 손해를 보게 된 그는 돈을 벌기 위해 로스 선교사의 성경 번역 작업에 참여했습니다. 이응찬 외에도 의주 사람 여럿이 동참했는데, 그들은 한문 성경을 한글로 옮겨 적는 작업을 했습니다. 이응찬은 성경을 번역하면서 삶이 변화되기 시작했습니다. 평소 즐기던 술과 아편을 끊었습니다. 백홍준이 세례를 받자, 그도 자진해서 세례를 받았습니다.

하나님의 말씀이 사람과 그 인생을 변화시킵니다. 우리도 그 놀라운 능력을 경험해야 합니다.

살아 있고 운동력 있는 하나님의 말씀은 우리를 변화로 이끄는 능력이 있습니다. 말씀이 곧 하나님이기 때문입니다. 그러므로 말씀을 가까이하는 것이 하나님을 가까이하는 것입니다. 하나님의 말씀을 듣고 배우고 전하는 일에 힘써서 말씀의 변화시키는 능력을 날마다 일상에서 구체적으로 경험하며 살아가야 합니다.

묵상 질문
1. 말씀이 살아 있고 운동력이 있다고 느낀 적은 언제입니까?
2. 말씀이 나의 죄와 연약함을 드러낸 경험이 있습니까?
3. 말씀이 나의 말과 행동을 변화시킨 경험이 있습니까?

삶에 적용하기
말씀을 가까이하는 방법에는 어떤 것들이 있는지 나누고 실천해 봅시다.
(성경 암송, 성경 필사, 성경 통독 등)

중보 기도 **하나님 나라와 건강한 교회와 행복한 가정을 위해 기도합니다.**
[나라와 민족, 담임목사와 교회, 선교사와 선교지, 속회원, 전도 대상 등 서로의 기도 제목을 나누고 함께 기도합니다.]

헌금/찬송 **170장 내 주님은 살아계셔**

마침 기도 **주님의 기도** [서로를 축복하며 삶의 자리로 나아갑니다.]

성령이 말하게 하심을 따라

한 주간의 삶 나누기

조용한 기도

찬송	190장 성령이여 강림하사
기도	맡은 이
오늘의 말씀	사도행전 2장 1~4절
암송할 말씀	그들이 다 성령의 충만함을 받고 성령이 말하게 하심을 따라 다른 언어들로 말하기를 시작하니라 [4]

말씀 나누기

성령을 기다리라 하신 예수님의 말씀에 순종하여 약 120명의 제자가 마가의 다락방에 모였습니다. 그들은 마음을 같이하여 간절히 기도에 힘썼습니다. 오순절이 이르렀을 때, 마침내 그들이 모인 곳에 약속하신 성령이 임하셨습니다. 성령을 받은 제자들은 복음의 증인이 되었습니다.

하나님은 어떤 방법으로 복음을 전하게 하셨습니까?

첫째, 성령의 능력으로 전하게 하셨습니다.

예수님은 부활 후 40일 동안 이 땅에 계시다가 승천하셨습니다. 그 후 열흘이 지난 오순절 날, 함께 모여 있던 제자들에게 예수님이 약속해 주신 성령이 임했습니다. 홀연히 하늘로부터 급하고 강한 바람 같은 소리가 나더니, 그들이 앉은 온 집을 가득 채웠습니다. 그리고 불의 혀처럼 갈라지는 것이 눈앞에 나타나 각 사람 위에 하나씩 임했습니다. 성령은 그들의 귀를 열어 하늘의 소리를 듣게 하시고, 눈을 열어 성령의 역사하심을 보게 하셨습니다. 깊은 내면까지 하나님의 능력으로 온전하게 해 주셨습니다. 성령으로 충만해진 제자들은 세상으로 나가 담대히 복음을 전했습니다.

주님은 우리에게도 성령을 약속해 주셨습니다. 그 옛날 제자들처럼 그분을 사모하며 힘써 기도하는 사람이 성령의 능력을 덧입어 담대히 복음을 전할 수 있습니다.

둘째, 다른 언어들로 전하게 하셨습니다.

성령으로 충만해진 제자들은 그분이 시키시는 대로 각각 다른 언어, 즉 방언으로 말하기를 시작했습니다. 자신이 한 번도 배운 적 없는 언어가 저절로 입 밖으로 튀어나왔습니다. 당시 예루살렘에는 유월절을 맞아 각국으로 흩어졌던 유대인들이 모여 있었습니다. 그들은 제자들이 각각 다른 언어로 말하는 것을 듣고는 모두 놀라고 당황스러워했습니다. 이처럼 성령의 임재는 마가의 다락방 안팎에 있던 모든 사람에게 놀라운 일이었습니다. 바벨탑 사건 이후 언어는 혼잡하게 되었고, 사람들은 흩어졌습니다(창 11:7~9). 그러나 약속하신 성령이 임하고 성령으로 충만해지자 각 나라의 언어로 복음을 전할 수 있게 되었습니다.

민족과 언어의 벽이 복음 전파를 막을 수 없습니다. 성령이 그 모든 것을 뛰어넘게 하십니다.

셋째, 우리말로도 전하게 하셨습니다.

복음은 전 세계를 돌고 돌아 140여 년 전 우리말로 전해졌습니다. 1882년 3월 24일 로스 선교사가 우리말로 「예수셩교 누가복음젼셔」를 번역했습니다. 그에게 한글을 가르쳐 준 이응찬을 비롯해 김진기, 이성하, 최성균 등이 이 일에 동참했습니다. 이렇게 최초의 한글 성경은 외국인 선교사와 조선인들의 협력으로 완성되었습니다. 이들은 평안도 의주 출신이기에 번역된 성경에는 평안도 사투리가 많았습니다. 비록 사투리이지만, 하나님께서 우리 민족을 위해 우리말로 말씀하시기 시작한 것입니다. 이 성경으로 한반도 곳곳에 복음이 전해졌습니다. 하나님은 우리말로 우리 민족에게 말씀하심으로 복음을 확장시키셨습니다.

오순절 성령의 충만함을 입은 이들은 예루살렘과 온 유대와 사마리아와 땅끝까지 이르러 복음을 전했습니다. 하나님은 복음의 열정으로 가득한 이들을 쓰셔서 그리스어, 라틴어, 영어, 중국어, 한국어 등으로 성경을 번역하게 하셨습니다. 하지만 이 땅에는 여전히 복음을 듣지 못한 사람들이 많습니다. 그들에게 그들이 들을 수 있는 언어로 복음을 전해야 합니다. 우리는 이 귀한 사명을 감당할 수 있도록 성령의 능력을 간구해야 합니다.

말씀 행하기

묵상 질문

1. 성령의 능력을 경험한 일에는 어떤 것이 있습니까?
2. 성령의 여러 은사 중 사모하는 은사는 무엇입니까?
3. 복음을 전하기 위해 힘쓸 일은 무엇입니까?

삶에 적용하기

아직 복음을 듣지 못하고, 받아들이지 못한 이들을 위해 해야 할 일을 나누고 실천해 봅시다.

중보 기도 하나님 나라와 건강한 교회와 행복한 가정을 위해 기도합니다.
[나라와 민족, 담임목사와 교회, 선교사와 선교지, 속회원, 전도 대상 등 서로의 기도 제목을 나누고 함께 기도합니다.]

헌금/찬송 183장 빈 들에 마른 풀같이

마침 기도 주님의 기도 [서로를 축복하며 삶의 자리로 나아갑니다.]

한 주간의 삶 나누기

조용한 기도

찬송   450장 내 평생 소원 이것뿐

기도   맡은 이

오늘의 말씀   누가복음 18장 22~27절

암송할 말씀   낙타가 바늘귀로 들어가는 것이 부자가 하나님의 나라에 들어가는 것보다 쉬우니라 하시니 (25)

말씀 나누기

부자 관리는 예수님께 영생을 얻기 위해 무엇을 해야 하는지 물었습니다. 예수님은 모든 재산을 팔아 가난한 사람들에게 나누어 주라고 하셨습니다. 재물을 포기할 수 없었던 그는 슬픔에 잠긴 채 돌아갔습니다. 예수님은 낙타와 바늘귀 비유로, 부자가 하나님 나라에 들어가는 것이 얼마나 어려운지 말씀하셨습니다.

어떻게 해야 하나님 나라에 들어갈 수 있습니까?

첫째, 사람이 할 수 없음을 알아야 합니다.

예수님을 찾아온 젊은 관리는 어려서부터 모든 계명을 지켰습니다. 그는 이것으로 충분히 하나님 나라에 들어갈 수 있다고 생각했습니다. 그러나 자신만만했던 그는 예수님께 손에 쥐고 있는 모든 것을 놓으라는 뜻밖의 말씀을 듣게 되었고, 끝내 울상이 되어 근심하며 떠나갔습니다. 그의 뒷모습을 보시며 예수님은 부자가 하나님 나라에 들어가는 것이 얼마나 어려운지 알려 주셨습니다. 그리고 이것은 사람의 힘으로는 절대 할 수 없는 일이라고 가르쳐 주셨습니다.

구원은 내 노력, 내 공로로는 불가능합니다. 이 진리를 깨닫고 인정하는 것이 하나님 나라에 들어가는 첫걸음입니다.

둘째, 하나님만이 하실 수 있음을 알아야 합니다.

관리는 자신의 공로로 하나님 나라에 들어갈 수 있다고 생각했지만, 예수님은 사람이 할 수 없는 일이라고 단정하셨습니다. 그러면서 인간에게는 불가능한 그 일을 하나님은 하실 수 있다고 말씀하셨습니다. 하나님 나라에 들어가는 것은 오직 하나님의 은혜로만 가능합니다. 하나님은 인간이 상상할 수도 없는 방법으로 우리를 하나님 나라로 인도하십니다. 즉 하나님의 나라는 하나님의 손에 있으며, 그분의 능력으로만 갈 수 있습니다. 나는 아무것도 할 수 없는 죄인이요, 구원은 오직 하나님께 있음을 깨닫고 전적으로 그분만을 의지하는 사람에게 하나님의 나라는 열려 있습니다.

셋째, 예수님을 따라가야 합니다.

예수님은 영생을 묻는 관리에게 '나를 따르라'고 하셨습니다. 예수님을 따르기 위해서는 먼저 자신을 내려놓아야 합니다. 1883년 10월 코네티컷주 하트퍼드에서 열린 초교파 신학생 수련회에 아펜젤러와 언더우드가 참석했습니다. 두 사람은 여기서 해외 선교사로 헌신하여 아펜젤러는 일본으로, 언더우드는 인도로 선교를 계획했습니다. 그러던 중 아펜젤러는 조선 선교를 결심했던 친구 워즈워드가 병을 얻어 뜻을 이룰 수 없게 되자 자신이 대신 조선으로 가기로 결단했습니다. 또 언더우드는 "조선에 갈 사람이 하나도 없구나. 조선은 어이할꼬?"라는 '하늘의 음성'을 듣고 조선행 배에 올랐습니다.

하나님의 나라에 들어가려면 예수님을 따라가야 합니다. 그리고 예수님을 따르려면 자신을 내려놓고 자기 십자가를 지고 따라야 합니다.

하나님의 나라에 들어가는 것은 인간의 힘과 능력으로는 불가능합니다. 구원은 오직 하나님께 있음을 믿고 그분의 뜻을 따라야 이루어집니다. 매 순간 무한하신 하나님의 능력을 믿고 의지하는 삶, 내 생각을 내려놓고 그분의 계획에 순종하는 삶, 우리의 오늘이 그렇게 하나님의 나라로 가는 길에 있어야겠습니다.

말씀 행하기

묵상 질문
1. 내 힘만 믿고 자만해서 실수한 적이 있습니까?
2. 하나님의 능력으로 복잡했던 일이 해결된 경험이 있습니까?
3. 예수님을 따르기 위해 내려놓아야 할 것은 무엇입니까?

삶에 적용하기
하나님의 나라에 들어가기 위해 결단하고 버려야 할 것은 무엇인지 나누고 실천해 봅시다.

중보 기도　하나님 나라와 건강한 교회와 행복한 가정을 위해 기도합니다.
[나라와 민족, 담임목사와 교회, 선교사와 선교지, 속회원, 전도 대상 등 서로의 기도 제목을 나누고 함께 기도합니다.]

헌금/찬송　516장 옳은 길 따르라 의의 길을

마침 기도　주님의 기도 [서로를 축복하며 삶의 자리로 나아갑니다.]

건너와서 우리를 도우라　2 / 28

한 주간의 삶 나누기

조용한 기도

찬송　　　　　520장 듣는 사람마다 복음 전하여

기도　　　　　맡은 이

오늘의 말씀　　사도행전 16장 6~10절

암송할 말씀　　바울이 그 환상을 보았을 때 우리가 곧 마게도냐로 떠나기
　　　　　　　를 힘쓰니 이는 하나님이 저 사람들에게 복음을 전하라고
　　　　　　　우리를 부르신 줄로 인정함이러라 (10)

말씀 나누기

　바울은 아시아로 가서 복음을 전하고자 했지만, 성령이 그 길을 막았습니다. 그 대신 그를 마게도냐로 이끄셨습니다. 환상 중에 '마게도냐로 건너와서 우리를 도우라'는 간청을 들은 바울은 이것을 그들에게 복음을 전하라고 부르시는 주님의 음성으로 확신했습니다. 이방인의 사도로 부름받은 바울은 주님의 음성을 듣고 순종했습니다.

복음을 전하는 사람은 무엇을 해야 할까요?

첫째, 하나님의 뜻을 알아야 합니다.

　바울이 사도로 부르심을 받은 것은 전적으로 하나님의 뜻과 은혜입니다. 원래 바울과 그 일행은 이스라엘 북쪽 지역인 소아시아의 도시 비두니아로

가고자 애썼습니다. 그러나 예수님의 영이 이를 허락하시지 않았습니다. 하나님의 뜻은 바울을 이방인의 사도로 세워 유럽과 로마와 땅끝까지 복음을 전하게 하는 것이었습니다.

하나님은 우리를 향한 계획을 이미 가지고 계시며, 우리의 발걸음마다 주님의 뜻을 이루길 원하십니다. 사람이 마음으로 자기의 길을 계획할지라도 그 걸음을 인도하시는 분은 주님입니다. 주님은 뜻을 이루기 위해 우리 인생의 방향을 바꾸시며, 새로운 길을 여시는 분입니다. 그러므로 복음을 전하기 위해서는 하나님의 뜻을 구하고 그 뜻에 순종해야 합니다.

둘째, 복음의 지경을 넓혀야 합니다.

하나님은 바울에게 환상을 보여 주셔서 그를 마게도냐로 이끄셨습니다. 바울은 이 환상으로 주님께서 그들에게 복음을 전하라고 자신을 부르신 것을 확신했습니다. 이 모든 일은 바울을 통해 복음의 지경을 유럽까지 넓히시려는 주님의 계획이었습니다.

교회는 현실에 안주하거나 머물러 있으면 안 됩니다. 주님의 계획에 따라 복음의 지경을 넓혀야 합니다. 바울은 환상을 보고 돌이켜 유럽 땅에 복음을 전했습니다. 유럽을 변화시킨 복음은 대서양을 건너 미국까지 전파되었고 미국을 변화시켰습니다. 그리고 태평양을 건너 우리나라에도 전해졌습니다. 복음을 받은 우리에게는 땅끝까지 전할 사명이 있음을 잊지 말아야 합니다.

셋째, 복음을 전하며 순종해야 합니다.

한국교회에도, 환상 중에 바울을 부른 마게도냐 사람 같은 이가 있었습니다. 바로 이수정입니다. 그는 1882년 신사유람단과 함께 건너간 일본에서 성경을 처음 접하게 되었습니다. 그리고 1883년 4월 29일 세례를 받았는데, 이는 조선인이 일본에서 받은 첫 세례입니다. 이후 이수정은 한국에도 선교사를 보내 달라고 미국교회에 편지를 보냈습니다. 이 편지로 미국교회는 조선 선교를 결심하여 아펜젤러, 언더우드, 스크랜턴 가족을 조선 선교

개척단으로 일본에 파견했습니다. 이수정은 이들에게 우리말과 문화를 전해 주었습니다. 이렇게 미국교회에 편지를 보내 조선 선교를 도운 이수정을 '조선의 마게도냐인'이라고 부릅니다. 주님이 주신 감동에 순종하는 사람을 통해 하나님은 일하십니다.

바울이 환상을 보고 계획을 돌이켜 주님의 뜻을 따랐기에 유럽으로 복음의 지경이 넓어졌습니다. 길이 험하고 어려울지라도 주님의 계획에 순종하는 한 사람을 통해 주님은 놀라운 일을 행하십니다. 그리고 오늘도 그분의 뜻과 계획에 순종하는 한 사람을 찾으십니다.

묵상 질문
1. 주님이 나의 계획을 돌이키게 하신 일이 있습니까?
2. 누군가에게 복음을 전해 주님을 영접하게 한 경험이 있습니까?
3. 주님의 계획에 순종함으로 경험한 은혜가 있다면 무엇입니까?

삶에 적용하기
믿지 않는 이들에게 어떻게 복음을 전할지 방법을 나누고 실천해 봅시다.

중보 기도　　**하나님 나라와 건강한 교회와 행복한 가정을 위해 기도합니다.**
[나라와 민족, 담임목사와 교회, 선교사와 선교지, 속회원, 전도 대상 등 서로의 기도 제목을 나누고 함께 기도합니다.]

헌금/찬송　　**538장 죄짐을 지고서 곤하거든**

마침 기도　　**주님의 기도** [서로를 축복하며 삶의 자리로 나아갑니다.]

너희가 알리라

한 주간의 삶 나누기

조용한 기도

찬송	421장 내가 예수 믿고서
기도	맡은 이
오늘의 말씀	요한복음 14장 20~24절
암송할 말씀	그 날에는 내가 아버지 안에, 너희가 내 안에, 내가 너희 안에 있는 것을 너희가 알리라 (20)

말씀 나누기

예수님은 이 땅에 오신 하나님의 아들입니다. 예수님은 이 땅에 계시는 동안 자신이 인류를 죄에서 구원하기 위해 온 그리스도이심을 분명히 말씀하셨습니다. 그러나 가장 가까이에 있던 제자들조차 그 말씀의 의미를 제대로 알지 못했습니다. 그리스도인은 예수님이 누구신지 알고 분명히 고백하는 사람입니다.

예수님을 알려면 어떻게 해야 합니까?

첫째, 예수님 안에 거해야 합니다.

예수님은 "내가 아버지 안에, 너희가 내 안에, 내가 너희 안에 있는 것을 너희가 알리라(20)."고 말씀하셨습니다. 아버지이신 하나님과 아들이신 예수님이 하나이듯이, 예수님과 그리스도인은 하나가 되어야 합니다. 예수님은 이를 위해 육신을 입고 이 땅에 오셔서 우리를 향한 하나님의 사랑을 보여 주셨습니다. 이로써 우리는 그리스도 안에 살고, 그리스도가 우리 안에 계심을 알게 되었습니다. 이것이 구원받은 그리스도인의 신앙고백입니다. 예수님은 자신을 포도나무요, 믿는 자를 가지라고 하시면서 '그가 내 안에, 내가 그 안에 거하면' 열매를 많이 맺는다고 하셨습니다(요 15:5). 예수님이 내 안에 거하시도록 친밀하게 사귀며, 예수님 안에 거하여 풍성한 열매를 맺는 그리스도인으로 살아가야 합니다.

둘째, 예수님을 사랑해야 합니다.

예수님은 "너희가 나를 사랑하면 나의 계명을 지키리라(15)."고 말씀하셨습니다. 그리스도를 사랑하면 그분의 계명을 지키게 됩니다. 하나님의 계명 중 크고 첫째 되는 것이 주님을 사랑하는 것입니다. 하나님을 사랑하는 사람은 주의 계명을 지키는 사람이고, 주의 계명을 지키는 사람은 하나님을 사랑하는 사람입니다. 또한 예수님은 "내가 너희를 사랑한 것 같이 너희도 서로 사랑하라(요 13:34)."는 새 계명을 주셨습니다. 예수님의 계명은 예수님의 사랑을 알고 따르는 것입니다. 예수님의 사랑으로 서로 사랑할 때, 이웃을 나 자신처럼 사랑할 때, 비로소 우리는 진정으로 예수님을 알게 됩니다.

셋째, 예수님을 믿음으로 고백해야 합니다.

조선의 마게도냐인 이수정은 한문으로 최초의 신앙 고백문을 작성했습니다. 그는 하나님 말씀을 듣고 깨닫고 체험하면 자신의 언어로 신앙을 고백해야 한다고 말했습니다. 일본에 건너가 세례를 받은 이수정은 요코하마에서 열린 일본 기독교 친목대회에 초대받아 참석했습니다. 그는 거기서 요한복음 말씀으로 자기 신앙을 고백했습니다. 요한복음 14장 20절 말씀을 그리스도의 핵심 가르침으로 여기며, 이를 하나님과 인간이 서로 감응하는 이치로 해석했습니다. 하나님은 인간을 알고, 인간은 하나님을 느끼다는 것입니다. 기독교의 진리를 자기 경험과 생각으로 해석해 우리에게 익숙한 언어로 고백한 것입니다. 말씀을 듣고 그것을 자기 언어로 고백하는 것은 그리스도인에게 꼭 필요하고 중요한 일입니다.

예수님을 안다는 것은 이름만 들어서 아는 것이 아닙니다. 우리가 예수님 안에 거하고, 예수님이 우리 안에 거하는 것입니다. 예수님을 사랑하고, 새 계명을 지켜 서로 사랑하는 것입니다. 예수님의 말씀을 듣고 그분이 구세주이심을 자기 언어로 고백하는 것입니다. 우리는 예수님을 깊이 알고, 그분이 나와 우리, 세상을 구원하셨음을 믿음으로 고백하는 참된 신앙인이 되어야 합니다.

묵상 질문
1. 예수님이 내 안에 계심을 느낄 때는 언제입니까?
2. 예수님을 사랑하여 어떤 일을 행했습니까?
3. "예수님은 나의 ○○이십니다."에서 ○○에 들어갈 나의 고백은 무엇입니까?

삶에 적용하기
내 안에 계시는 예수님을 사랑하고 주의 말씀대로 살기 위해 해야 할 일이 무엇인지 나누고 실천해 봅시다.

중보 기도	**하나님 나라와 건강한 교회와 행복한 가정을 위해 기도합니다.**
	[나라와 민족, 담임목사와 교회, 선교사와 선교지, 속회원, 전도 대상 등 서로의 기도 제목을 나누고 함께 기도합니다.]
헌금/찬송	**453장 예수 더 알기 원하네**
마침 기도	**주님의 기도** [서로를 축복하며 삶의 자리로 나아갑니다.]

우리는 하나님의 동역자들이요

3 / 14

한 주간의 삶 나누기

조용한 기도

찬송	208장 내 주의 나라와
기도	맡은 이
오늘의 말씀	고린도전서 3장 4~9절
암송할 말씀	우리는 하나님의 동역자들이요 너희는 하나님의 밭이요 하나님의 집이니라 (9)

말씀 나누기

고린도 교회는 바울과 브리스길라와 아굴라 부부의 헌신으로 세워졌습니다. 그런데 고린도 교회에 분쟁이 생겼다는 소식이 들려왔습니다. 바울은 고린도 교회에 편지를 보내, 분열을 극복하고 한마음 한뜻으로 굳게 연합하여 하나님의 동역자가 되기를 권면했습니다.

하나님의 동역자가 되려면 어떻게 해야 합니까?

첫째, 서로 다름을 인정해야 합니다.

에베소에서 사역하던 바울은 고린도 교회가 서로 나뉘어 분쟁하고 있다는 소식을 들었습니다. 어떤 성도들은 자신이 바울에 속한 자라 하고, 어떤 성도들은 아볼로에게 속한 자라고 하면서 서로 다투었습니다. 바울은 그들의 다툼이 육신에 속한 일이라고 꾸짖었습니다. 그러면서 하나님께서 자신에게는 복음 심는 일을 맡기셨고, 아볼로에게는 물을 주는 일, 곧 말씀으로 양육하는 일을 맡기셨으니 각기 주신 은사대로 맡은 바 충성을 다할 뿐이라고 했습니다. 그러니 시기와 분쟁을 멈추고 교회를 든든히 세우라고 권면했습니다.

하나님은 교회를 위해 우리에게 다양한 사역을 주십니다. 그리고 그 사역을 감당할 때 주시는 은사도 각각 다르고 직분도 다양합니다. 그러니 서로 다른 것을 틀리다 생각하지 말고 은사와 직분의 다양함과 다름을 인정해야 하나님의 일에 동역할 수 있습니다.

둘째, 사역의 주인은 하나님이심을 알아야 합니다.

바울과 아볼로는 각자의 역할과 임무를 충실히 감당했습니다. 바울은 복음의 씨를 뿌리고, 전도하여 고린도 교회를 개척했습니다. 아볼로는 고린도 교회 성도들이 잘 자라도록 말씀으로 양육하고, 교회를 돌보았습니다. 그 과정에서 그들은 서로 경쟁하거나 싸우지 않았습니다. 자신들은 그저 각자의 사역과 은사로 하나님의 교회에 유익을 끼칠 뿐, 자라게 하시는 분은 오직 하나님이심을 분명히 알았기 때문입니다.

교회의 주인은 하나님이십니다. 복음을 전하고 교회를 세워나가는 사역의 주인 역시 하나님이십니다. 우리는 주인의 뜻에 따라 일하는 일꾼들입니다. 그러니 주인이신 하나님 앞에서 각자 맡겨진 일에 충성하며 최선을 다해야 합니다. 그것이 우리를 택하신 주인의 뜻입니다.

셋째, 하나 되어 협력해야 합니다.

동역자란 함께 협력하여 일하는 자입니다. 경쟁이 아니라 하나 되어 협력할 때 하나님 나라가 세워집니다. 감리교회 선교사인 아펜젤러와 장로교회 선교사인 언더우드는 교파는 달랐지만 서로 경쟁하지 않고 동역자로 협력했습니다. 1885년 4월 5일 부활주일에 같은 배를 타고 함께 조선에 들어왔습니다. 1886년 4월 25일 부활주일에는 아펜젤러와 스크랜턴 선교사 자녀들의 세례식을 거행했는데, 이때 아펜젤러가 집례하고 언더우드가 보좌했습니다. 같은 해 7월 18일 노춘경의 세례식은 언더우드가 집례하고 아펜젤러가 보좌했습니다. 1887년 여름에는 함께 '마가의 전한 복음서 언해'라는 제목으로 쪽복음을 번역하여 인쇄했습니다. 아펜젤러와 언더우드는 지방 선교를 위해서도 동역했습니다. 하나 되어 협력하는 일은 하나님의 동역자들이 마땅히 행해야 할 기본 도리입니다.

아펜젤러와 언더우드 선교사는 서로 경쟁하지 않고 마음을 같이하여 이 땅에 복음을 심었습니다. 서로의 다름을 인정하고 협력하여 교회를 세웠습니다. 하나님의 동역자인 우리도 하나님이 모든 일의 주인이심을 인정하면서, 서로 마음과 뜻과 힘을 모아 하나 된 교회를 이루어 가야 합니다.

말씀 행하기

묵상 질문

1. 서로 다른 직분과 은사로 어떤 은혜를 경험했습니까?
2. 하나님이 주인이심을 인정하기 위해 해야 할 일은 무엇입니까?
3. 하나 됨을 이루기 위해 먼저 내려놓아야 할 것은 무엇입니까?

삶에 적용하기

하나님의 동역자로 해야 할 일이 무엇인지 나누고 실천해 봅시다.

중보 기도	**하나님 나라와 건강한 교회와 행복한 가정을 위해 기도합니다.** [나라와 민족, 담임목사와 교회, 선교사와 선교지, 속회원, 전도 대상 등 서로의 기도 제목을 나누고 함께 기도합니다.]
헌금/찬송	**213장 나의 생명 드리니**
마침 기도	**주님의 기도** [서로를 축복하며 삶의 자리로 나아갑니다.]

한 주간의 삶 나누기

조용한 기도

찬송　216장 성자의 귀한 몸

기도　맡은 이

오늘의 말씀　누가복음 10장 25~37절

암송할 말씀　네 생각에는 이 세 사람 중에 누가 강도 만난 자의 이웃이 되겠느냐 이르되 자비를 베푼 자니이다 예수께서 이르시되 가서 너도 이와 같이 하라 하시니라 (36~37)

말씀 나누기

예수님은 무엇을 해야 영생을 얻을 수 있느냐는 율법교사의 질문에 하나님을 사랑하고 이웃을 사랑하라고 하셨습니다. 또 비유를 통해 누가 참 이웃인지도 가르쳐 주셨습니다. 강도 만난 사람의 이웃은 그에게 사랑을 실천한 사마리아인이었습니다.

이웃 사랑을 실천하려면 어떻게 해야 합니까?

첫째, 아는 것을 실천해야 합니다.

율법교사는 율법의 핵심을 잘 알고 있었습니다. 그리고 자신이 아는 것에 자부심이 있었습니다. 예수님이 영생에 대해 율법에 기록된 것이 무엇이냐고 물으셨을 때, 그는 하나님을 사랑하고 이웃을 사랑해야 한다고 막힘없이 대답했습니다. 예수님도 그 대답이 맞다고 인정해 주셨습니다. 그러나 예수님의 가르침은 한 걸음 더 나아갑니다. 참된 사랑은 머리로 아는 것만으로 부족합니다. 예수님은 율법교사에게 지식으로 알고 있는 것을 실천하라고 명령하셨습니다. 강도 만난 사람의 이웃은 이웃 사랑을 지식으로 아는 제사장도, 레위인도 아니었습니다. 사랑을 실천한 사마리아인만이 참된 이웃이었습니다. 우리가 진심으로 이웃을 사랑하려면 성경을 통해 배워서 알게 된 것을 실천해야 합니다.

둘째, 참 이웃이 누구인지 알아야 합니다.

율법교사는 자기를 옳게 보이려고 이웃이 누구인지 예수님께 물었습니다. 평소 율법을 잘 지키던 그는 가난하고 궁핍한 사람들에게 적절한 자선을 베풀었을 것입니다. 그는 가난하고 궁핍한 사람이 이웃이라고 생각했습니다. 그러나 예수님은 비유를 들어 누가 참된 이웃인지 가르쳐 주셨습니다. 예수님은 어려운 상황에 있는 사람을 돕는 사람이 참 이웃이라고 말씀하셨습니다. 예수님의 가르침은 유대인에게는 충격적이었습니다. 유대인은 사마리아인을 부정하게 여겨 상종조차 하지 않았습니다. 그런데 예수님은 강도 만난 사람을 도와준 사마리아인이 참 이웃이라고 말씀하셨습니다. 우리도 어려운 이들에게 그리스도의 마음으로 사랑을 실천하는 참된 이웃이 되어야 합니다.

셋째, 자비를 베풀어야 합니다.

초기 한국교회도 어려운 사람들에게 이웃이 되었습니다. 미감리회 의료선교사인 스크랜턴은 1885년 5월 우리나라에 들어와 정동에 자리를 잡고 병원을 세워 의료선교를 시작했습니다. 고종 황제에게 '시병원(施病院)'이라는 이름까지 받으면서 안전하게 사역하게 된 것입니다. 그러나 스크랜턴은 2년 만에 가난하고 생활이 어려운 사람들이 모여 사는 서대문 밖 애오개, 동대문 안 낙산 언덕, 남대문 안 상동 언덕에도 '시약소(施藥所)'를 개설했습니다. 이곳이 각각 아현교회, 상동교회, 동대문교회로 발전했습니다.

어려운 사람에게 자비를 베푼 선한 사마리아인처럼, 이웃 사랑으로 한국교회는 든든히 세워졌습니다. 우리에게도 어려운 사람에게 자비를 베풀어야 할 사명이 있음을 기억해야 합니다.

하나님 사랑은 이웃 사랑과 분리될 수 없습니다. 예수님은 오늘도 이웃 사랑에 대해 "너도 이와 같이 하라."고 명령하십니다. 초기 한국교회는 예수님의 가르침대로 선한 사마리아인처럼 이웃 사랑을 삶으로 실천했습니다. 그 아름다운 전통이 우리 안에 흐르고 있습니다. 구체적이고 실제적인 행함으로 주님의 가르침을 이 땅에 드러내야겠습니다.

말씀 행하기

묵상 질문
1. 알면서도 실천하지 못하는 말씀은 무엇입니까?
2. 내게 도움을 준 사람은 어떤 사람이었습니까?
3. 어려움에 처한 이에게 자비를 베푼 경험이 있습니까?

삶에 적용하기
우리 속회가 구체적으로 이웃 사랑을 실천하기 위해 어떤 일을 해야 할지 나누고 기도하며 실천해 봅시다.

중보 기도　　하나님 나라와 건강한 교회와 행복한 가정을 위해 기도합니다.
[나라와 민족, 담임목사와 교회, 선교사와 선교지, 속회원, 전도 대상 등 서로의 기도 제목을 나누고 함께 기도합니다.]

헌금/찬송　　**220장 사랑하는 주님 앞에**

마침 기도　　**주님의 기도** [서로를 축복하며 삶의 자리로 나아갑니다.]

조용한 기도

찬송	96장 예수님은 누구신가
기도	맡은 이
오늘의 말씀	요한복음 12장 24~27절
암송할 말씀	한 알의 밀이 땅에 떨어져 죽지 아니하면 한 알 그대로 있고 죽으면 많은 열매를 맺느니라 [24]

말씀 나누기

예수님은 십자가 죽음이 다가오자, 한 알의 밀에 대해 말씀하셨습니다. 한 알의 밀이 땅에 떨어져 죽으면 많은 열매를 맺는다고 하셨습니다. 이 땅에 오신 예수님은 한 알의 밀이 되어 우리를 위해 친히 십자가에 달려 죽임당하셨습니다. 예수님의 죽음으로 이 땅에 복음의 열매가 풍성히 맺혔습니다.

많은 열매를 맺으려면 어떻게 해야 합니까?

첫째, 내가 죽어야 합니다.

유월절을 맞아 예루살렘에 온 헬라인 몇 사람이 예수님 뵙기를 원하여 빌립을 찾았습니다. 빌립은 이 사실을 안드레와 함께 가서 예수님께 말씀드렸습니다. 예수님은 인자가 영광을 받아야 할 때가 왔다고 하시며, 한 알의 밀에 대해 말씀하셨습니다. 하나님을 믿는 삶이란 한 알의 밀이 되어 땅에 떨어져 죽는 것이라고 하셨습니다. 예수님은 그렇게 십자가에서 죽으셨습니다.

밀의 죽음은 끝이 아니라 새로운 시작입니다. 나의 고집과 아집이 죽을 때, 내 안에서 성령님이 일하시는 새로운 역사가 시작됩니다. 하나님이 원하시는 열매를 많이 거두려면, 예수님처럼 한 알의 밀이 되어 우리가 먼저 십자가에서 죽어야 합니다.

둘째, 섬기는 삶을 살아야 합니다.

하나님의 아들 예수님은 한 알의 밀이 되어 죽으려고 하늘의 영광을 버리고 이 땅에 오셨습니다. 그분은 세상에서 가장 누추하고 더럽고 냄새나는 구유에서 태어나셨습니다. 가장 낮고 천한 이들의 벗이 되기 위해 낮은 곳에 오셨습니다.

예수님은 "나를 섬기려면 나를 따르라."고 하셨습니다. 예수님을 섬긴다는 것은 예수님처럼, 낮고 천한 자와 가난하고 소외되고 병든 자의 이웃이 되는 것을 의미합니다. 예수님을 따르기로 결단한 우리는 예수님처럼 이웃을 돌아보고, 그들을 내 몸처럼 사랑하며, 나의 가진 것을 나누는 삶을 살아야 합니다. 그렇게 예수님이 보여 주신 섬김의 삶을 살 때, 우리 삶은 아름다운 열매를 맺습니다.

셋째, 하나님의 뜻을 따라 살아야 합니다.

예수님은 하나님의 뜻을 이루기 위해 이 땅에 오셔서 십자가에서 죽임을 당하셨습니다. 한국 선교 초기의 선교사들 역시 하나님의 뜻을 위해 희생을 감수했습니다. 매켄지(W. J. McKenzie) 선교사는 1894년 소래 땅을 밟았습니다. 외국인이 살기에는 불편하다는 동료 선교사들의 만류에도, 전도하려면 그들 안에 들어가 그들처럼 살아야 한다며 소래에 집을 마련했습니다. 그런 그를 소래 교인들과 불신자들은 자기들의 이웃으로 여겼습니다. 매켄지 선교사의 희생은 캐나다인들의 마음에 한국 선교를 향한 열정을 불러일으키는 불씨가 되었습니다. 그 결과 1898년 캐나다 장로교회 개척선교단이 도착했고, 이후 캐나다 장로교회의 함경도 선교가 시작되었습니다. 하나님의 뜻을 따라 산 매켄지 선교사의 삶이 향기로운 열매를 맺은 것입니다.

한 알의 밀이 되신 예수님의 십자가 죽음으로 교회가 세워지고, 우리 모두 구원받았습니다. 한 사람의 희생이 많은 열매를 맺습니다. 하나님의 뜻을 위해 부르심을 받은 우리도 한 알의 밀이 되어야 합니다. 우리가 땅에 묻혀 죽음으로써 맺은 수많은 열매를 하나님이 기쁘게 받으실 것입니다.

묵상 질문

1. 내 안에서 죽어야 할 요소는 무엇입니까?
2. 섬기는 삶을 살기 위해 해야 할 일은 무엇입니까?
3. 하나님의 뜻을 따르기 위해 어떤 희생을 했습니까?

삶에 적용하기

내 삶에 절대적인 영향을 끼친 한 알의 밀과 같은 사람은 누구이며, 그에게 어떤 영향을 받았는지 나누어 봅시다.

중보 기도	**하나님 나라와 건강한 교회와 행복한 가정을 위해 기도합니다.** [나라와 민족, 담임목사와 교회, 선교사와 선교지, 속회원, 전도 대상 등 서로의 기도 제목을 나누고 함께 기도합니다.]
헌금/찬송	**314장 내 구주 예수를 더욱 사랑**
마침 기도	**주님의 기도** [서로를 축복하며 삶의 자리로 나아갑니다.]

그들로 너희 착한 행실을 보고

4 / 4

한 주간의 삶 나누기

조용한 기도

찬송	294장 하나님은 외아들을
기도	맡은 이
오늘의 말씀	마태복음 5장 13~16절
암송할 말씀	이같이 너희 빛이 사람 앞에 비치게 하여 그들로 너희 착한 행실을 보고 하늘에 계신 너희 아버지께 영광을 돌리게 하라 (16)

말씀 나누기

예수님은 제자들을 부르고 세워 세상에 보내셨습니다. 그러면서 사람들에게 착한 행실을 보여 하나님께 영광을 돌리게 하라고 당부하셨습니다. 하나님은 영이시기에 사람인 우리는 하나님을 볼 수 없습니다. 오직 믿음의 사람들의 행실이 하나님의 살아 계심을 드러내고, 하나님 나라를 보여 줄 수 있습니다.

누가 착한 행실을 보여 주는 사람입니까?

첫째, 소금과 빛으로 부르심을 받은 사람입니다.

예수님은 우리를 세상의 소금과 빛이 되게 하려고 부르셨습니다. 소금은 음식의 맛을 내고 부패하는 것을 막아 줍니다. 그러기 위해서 소금은 녹아야 합니다. 그대로 있으면 아무 소용 없어 그저 밖에 버려져 사람들에게 밟힐 뿐입니다. 또한 빛은 밝히 비추기 위해 존재합니다. 그릇으로 덮어 두지 않고, 높은 곳에 두어야 밝게 비춥니다. 부름받은 우리는 산 위에 있는 동네처럼 환히 드러나 세상을 밝히는 빛이 되어야 합니다.

소금과 빛으로 부르심을 받은 믿음의 사람은 부패한 세상을, 어두운 세상을 변화시키기 위해 선한 말과 행실을 사람들에게 보여 주어야 합니다. 세상 사람들에게 선한 영향력을 미쳐서 본이 되는 삶을 살아야 합니다.

둘째, 하나님 아버지께 영광을 돌리는 사람입니다.

예수님은 제자들에게 "너희가 소금이다.", "너희가 빛이다."라고 말씀하셨습니다. 소금과 빛의 착한 행실은 하나님 아버지께로부터 온 것입니다. 세상 사람들은 하나님을 볼 수 없지만, 착한 행실을 보이는 믿음의 사람들을 통해 하나님을 볼 수 있습니다. 수고와 슬픔뿐인 인생길에서 믿음의 사람들의 말과 행동은 세상을 살맛 나게 하고, 죄악 된 세상을 변화시킵니다. 욕망과 안위를 위해 사는 어두운 세상에서, 먼저 사랑하고 내어주는 착한 행실은 세상을 밝히 비추어 줍니다.

자녀의 착한 행실이 부모에게 자랑이 되듯이, 믿음의 사람들의 착한 행실은 하나님 아버지를 영광되게 합니다. 그러므로 우리의 모든 행실이 하나님 아버지의 영광과 직결됨을 매 순간 기억하며 살아야 합니다.

셋째, 사랑을 실천하는 사람입니다.

한국 역사를 바꾼 인물 중에 공주 영명여학교를 설립한 샤프 부인(A. J. Hammond Sharp)이 있습니다. 그의 한국 이름은 '사애리시'로, 사랑의 이치를 베푼 부인이라는 뜻입니다. 샤프 부인은 1904년 남편 샤프 선교사와 공주지역에서 사역을 시작했습니다. 그런데 1906년 남편이 논산으로 사경회를 인도하러 가다가 이질에 걸려 순직했습니다. 사별 후에도 샤프 부인은 30년 넘게 공주에 머물며 학교를 세우고 공주지역 사람들에게 착한 행실을 보여 주었습니다. 3·1운동의 유관순, 중앙대학교 설립자 임영신, 한국 최초의 여성 목사 전밀라, 한국인 최초의 여성 경찰서장 노마리아 등이 그의 제자입니다. 우리도 가정과 일터와 교회에서 사랑을 실천하여 주신 사명을 감당해야 합니다.

행함이 없는 믿음은 죽은 것입니다(약 2:17). 소금과 빛으로 부르심을 받은 사람은 착한 행실로 사는 사람입니다. 착한 행실은 하나님을 믿는 믿음의 선물이고, 하나님 아버지가 주신 사명을 다하는 삶입니다. 우리가 오늘 이웃에게 보인 착한 말과 행동이 그에게 하나님을 보여 주고, 그분을 찬양하게 할 것입니다.

말씀 행하기

묵상 질문
1. 우리가 감당해야 할 소금과 빛의 역할은 무엇입니까?
2. 나의 착한 행실로 하나님을 드러내고 영광 돌린 일이 있습니까?
3. 교회에서 우리가 먼저 실천해야 할 사랑은 무엇입니까?

삶에 적용하기
서로의 착한 행실을 칭찬하고 각자, 그리고 함께 감당해야 할 사명을 나누어 봅시다.

중보 기도 **하나님 나라와 건강한 교회와 행복한 가정을 위해 기도합니다.**
[나라와 민족, 담임목사와 교회, 선교사와 선교지, 속회원, 전도 대상 등 서로의 기도 제목을 나누고 함께 기도합니다.]

헌금/찬송 **499장 흑암에 사는 백성들을 보라**

마침 기도 **주님의 기도** [서로를 축복하며 삶의 자리로 나아갑니다.]

하늘에 보물을 쌓으라

4 / 11

말씀 나누기

예수님은 어리석은 부자 비유를 통해, 자기를 위해 이 땅에 재물을 쌓아 두지 말고 하늘에 보물을 쌓으라고 하셨습니다. 아무리 곳간을 크게 짓고 미래를 준비하더라도, 하나님이 생명을 취하시면 우리는 어리석은 부자처럼 될 수밖에 없습니다. 그러므로 이 땅에 소망을 두지 말고 하늘에 소망을 두는 지혜로운 삶을 살아야 합니다.

하늘에 보물을 쌓으려면 어떻게 해야 합니까?

첫째, 염려하지 말아야 합니다.

예수님은 제자들에게 무엇을 먹을까, 무엇을 입을까 염려하지 말라고 하셨습니다. 목숨이 음식보다 중요하고, 몸이 의복보다 중요하기 때문입니

54

다. 예수님은 하나님께서 아무 수고도 하지 않는 까마귀를 길러 주시고 백합화를 입혀 주시듯, 제자들도 책임져 주실 것이라고 하셨습니다. 그들이 쉽게 염려할 것을 아셨기에 반복해서 당부하신 것입니다.

우리는 자주 염려하며, 먹을 것과 마실 것과 입을 것을 걱정하며 살아갑니다. 그러나 하나님은 그 모든 필요를 아시고 채워 주시는 우리의 아버지십니다. 아무 대가 없이 자연 만물을 기르고 입히시는 하나님이 우리도 친히 돌보시고 선한 길로 인도하십니다. 그러니 우리가 할 일은 그 하나님을 믿고 모든 염려를 맡기는 것입니다.

둘째, 하나님의 나라를 구해야 합니다.

우리가 하나님의 나라를 구하기만 하면, 하나님이 우리에게 있어야 할 것을 더해 주십니다. 예수님은 제자들에게 소유를 팔아 구제하여 낡아지지 않는 배낭을 만들라고 하셨습니다. 이는 하늘에 보물을 쌓는 것으로, 거기에는 도둑이 들거나 좀이 먹는 일이 없다고 가르치셨습니다.

염려하지 않는 것이 소극적으로 하늘에 보물을 쌓는 일이라면, 하나님 나라를 구하는 것은 적극적으로 쌓는 일입니다. 하나님 나라를 구하는 삶은 모든 일의 우선순위를 하나님께 두고, 하나님 나라를 위해 헌신하는 생활입니다. 이는 세상 사람들의 삶의 방식과 다르지만, 우리 아버지이신 하나님이 기뻐하시는 일입니다. 그러므로 우리는 어떤 상황에서도 타협하거나 포기하지 말아야 합니다.

셋째, 믿음으로 헌신해야 합니다.

한국교회에도 하늘에 보물을 쌓은 이들의 일화가 있습니다. 선교 초기 교회들은 대부분 선교사들을 통해 들어온 선교 기금으로 지어졌지만, 교인들의 자발적인 헌신으로 세워진 교회도 있었습니다. 일제 강점기에 교회가 재정적으로 어려워지자, 교인들은 초대 교회처럼 자기 땅을 바쳐서 자립화를 도왔습니다. 초기 강화도 교인들은 부모의 장례를 치르고 나면 유산의 십일조를 바쳤습니다. 이러한 믿음의 삶을 통해 교회는 경제적 어려움을 극복하며 하나님 나라 확장에 힘썼습니다.

하늘에 보물을 쌓은 신앙 선배들의 순전한 믿음으로 오늘의 한국교회가 든든히 세워졌습니다. 다음 세대에게 물려줄 교회를 위해 우리도 신앙 선배들과 같은 헌신을 회복해야 합니다.

우리는 여전히 수많은 염려 속에 살아가지만, 오늘 우리의 염려는 초기 한국교회나 사도행전 교회들의 그것과 비교할 수 없습니다. 그들의 염려는 생사(生死)의 문제였습니다. 그러나 그들은 모든 염려를 주님께 맡기고 하늘에 보물을 쌓는 일에 집중했습니다. 이것이 우리가 본받고 후대에 이어 줘야 할, 하나님의 나라를 세워가는 믿음의 삶입니다.

묵상 질문
1. 하나님께 염려를 맡겨 평안을 누린 경험이 있습니까?
2. 하나님의 나라를 구했을 때, 하나님께서 내게 필요한 것을 아시고 더해 주신 일이 있습니까?
3. 교회를 위해 믿음으로 헌신한 일에는 어떤 것이 있습니까?

삶에 적용하기
하나님의 나라와 교회를 위해 헌신할 수 있는 일을 나누고 실천해 봅시다.

중보 기도	**하나님 나라와 건강한 교회와 행복한 가정을 위해 기도합니다.** [나라와 민족, 담임목사와 교회, 선교사와 선교지, 속회원, 전도 대상 등 서로의 기도 제목을 나누고 함께 기도합니다.]
헌금/찬송	**50장 내게 있는 모든 것을**
마침 기도	**주님의 기도** [서로를 축복하며 삶의 자리로 나아갑니다.]

너희를 부르심을 보라

한 주간의 삶 나누기

조용한 기도

찬송   323장 부름 받아 나선 이 몸

기도   맡은 이

오늘의 말씀   고린도전서 1장 26~31절

암송할 말씀   형제들아 너희를 부르심을 보라 육체를 따라 지혜로운 자가 많지 아니하며 능한 자가 많지 아니하며 문벌 좋은 자가 많지 아니하도다 (26)

말씀 나누기

하나님께서 사람을 선택하시는 기준은 세상과 다릅니다. 바울은 고린도에 1년 6개월 동안 머물면서 복음을 전했습니다(행 18:11). 그는 성도들에게, 부르시고 사명을 주시는 분은 오직 하나님이라고 가르쳤습니다. 부르심은 하나님의 주권적인 선택입니다. 주님의 부르심과 구원하심에는 전혀 후회가 없으십니다.

하나님은 어떤 사람을 부르셨습니까?

첫째, 세상에서 미련하고 약한 사람을 부르셨습니다.

하나님은 세상에서 미련하고 약한 사람을 불러서 복음을 전하게 하셨습니다. 고린도 교회 성도 중에는 육신적 기준으로 보면 지혜 있거나 능력 있는 사람이 많지 않고, 가문 좋은 사람도 별로 없었습니다. 하지만 하나님은 이런 자들을 택하고 부르셨습니다. 바울은 이것이 하나님의 전적인 은혜라고 확신했습니다.

하나님이 미련하고 약한 사람을 택하신 이유는 분명합니다. 오직 하나님만 자랑하도록 하시기 위함입니다. 자기가 잘나고 강하다고 생각하는 사람은 하나님을 의지하지 않습니다. 하나님은 약한 자를 불러 쓰시는 분입니다. 부르심의 은총을 받은 우리는 늘 겸손하며 하나님만 자랑하는 삶을 살아야 합니다.

둘째, 세상에서 천하고 멸시받는 사람을 부르셨습니다.

하나님의 부르심은 전적으로 하나님의 선택입니다. 하나님은 세상에서 천하고 멸시받는 사람을 불러서 복음을 전파하게 하셨습니다. 지혜 있는 자들을 부끄럽게 하려고 어리석은 사람을 택하시고, 잘났다고 으스대는 사람들을 부끄럽게 하려고 천하고 멸시받는 사람을 부르셨습니다. 주님은 아무것도 아닌 것 같은 사람도 선택하셨습니다. 바울을 부르셨을 때, 그는 예수 믿는 자들을 핍박하고 죽이려는 사람이었습니다.

하나님의 구원 기준은 외모나 학식, 재능, 물질처럼 외적인 것이 아닙니다. 구원은 오직 하나님의 사랑과 은혜입니다. 우리가 그 부르심에 아멘으로 순종할 때, 주님의 일꾼이 되고 은혜와 복이 임합니다.

셋째, 예수님만을 자랑할 사람을 부르셨습니다.

한국 선교가 시작된 후 16년 만에 한국인 목사가 배출되었습니다. 가난한 농부의 아들로 태어난 김창식은 서양인들이 아이를 유괴해 잡아먹는다는 '영아소동'의 증거를 찾으려고 올링거 선교사의 집에 머슴으로 들어갔습니다. 그러나 자신을 한 인간으로 대우해 주는 선교사에게 감복해 소문이 거짓임을 깨닫게 되었습니다. 복음을 듣고 변화된 김창식은 사람을 섬기던 종에서 예수님을 섬기는 종이 되어 '조선의 바울'이라고까지 불렸습니다. 선교사를 도왔다는 이유로 모진 매를 맞아 죽을 지경에 이르면서도,

끝까지 배교하지 않고 신앙을 지켰습니다. 마침내 1901년 5월 김창식은 김기범과 함께 한국인 최초로 목사 안수를 받았습니다.

부르심을 받은 우리는 그리스도께 속한 사람입니다. 바울이 성도들에게 "형제들아, 너희를 부르심을 보라."고 한 것은 처음 부르심을 받았을 때 자기 모습이 얼마나 형편없었는지를 돌아보아, 서로 자신을 내세우며 싸우는 행동을 멈추라는 뜻이었습니다. 우리는 내 의지나 공로가 아니라, 전적인 하나님의 선택으로 그리스도의 제자가 되었습니다. 그러므로 오직 주님만 자랑하며, 부르심에 합당한 삶을 살아야 합니다.

묵상 질문

1. 연약할 때 주님의 어떤 도우심을 경험했습니까?
2. 예수님 말씀에 어떻게 순종했습니까?
3. 나를 죽이고 오직 예수님만을 자랑한 일이 있습니까?

삶에 적용하기

하나님이 맡겨 주신 사명이 무엇이고 그 부르심에 어떻게 순종할지 나누고 실천해 봅시다.

중보 기도	**하나님 나라와 건강한 교회와 행복한 가정을 위해 기도합니다.** [나라와 민족, 담임목사와 교회, 선교사와 선교지, 속회원, 전도 대상 등 서로의 기도 제목을 나누고 함께 기도합니다.]
헌금/찬송	**449장 예수 따라가며**
마침 기도	**주님의 기도** [서로를 축복하며 삶의 자리로 나아갑니다.]

한 주간의 삶 나누기

조용한 기도

찬송　　　160장 무덤에 머물러

기도　　　맡은 이

오늘의 말씀　　　마태복음 28장 9~10절

암송할 말씀　　　이에 예수께서 이르시되 무서워하지 말라 가서 내 형제들에게 갈릴리로 가라 하라 거기서 나를 보리라 하시니라 (10)

말씀 나누기

　예수님의 부활은 복음의 핵심입니다. 예수님의 부활이 없었다면 우리 믿음은 헛것이고, 우리는 세상에서 가장 불쌍한 사람이 될 수밖에 없었습니다(고전 15:17~19). 그러나 예수님은 죽음을 이기고 사흘 만에 다시 살아나셨습니다. 부활하신 예수님은 무덤가에 찾아온 여인들에게 부활의 말씀을 하셨습니다.

부활하신 예수님이 하신 말씀은 무엇입니까?

첫째, 평안하냐고 물으셨습니다.

　막달라 마리아와 다른 마리아가 안식 후 첫날 새벽에 예수님의 무덤에 찾아갔다가 천사에게 "그가 여기 계시지 않고 그가 말씀하시던 대로 살아나

섰다.”라는 예수님의 부활 소식을 들었습니다. 천사는 이 소식을 제자들에게 전하라고 했습니다. 여인들이 부활 소식을 알리려고 달려가던 길에 예수님이 그들을 찾아오셨습니다. 그러고는 가장 먼저, 평안하냐고 물으셨습니다. 이 말씀은 기쁨의 인사이며, 그들 마음에 있는 불안을 살피시는 사랑의 표현이었습니다.

부활하신 예수님은 우리에게 기쁨으로 다가오시며, 세상이 줄 수 없는 기쁨과 평안을 주시는 분입니다. 오늘도 우리에게 먼저 다가오시는 예수님께 나아가 그 발을 붙잡고 경배하는 삶을 살아야 합니다.

둘째, 무서워하지 말라고 하셨습니다.

예수님은 그 발을 붙잡고 경배하는 여인들에게 무서워하지 말라고 하셨습니다. 부활하신 예수님을 갑작스럽게 만난 그들은 무서워하며 두려움을 느꼈습니다. 예수님의 부활은 분명히 큰 기쁨이지만, 죽었던 이가 다시 살아난 것은 쉽게 받아들일 수 없는 두려운 일이었습니다.

사람은 이성으로 이해할 수 없는 사건 앞에서 본능적으로 두려움을 느끼는 연약한 존재입니다. 그런 우리에게 예수님은 분명히 말씀하십니다. “무서워하지 말라.” 주님은 인간의 모든 한계 너머에 계시는 분입니다. 그분과 함께라면 어디서든, 무슨 일이든 무서워할 필요가 없습니다. 죽음을 이기고 부활하신 예수님을 의지하며 생각과 마음을 지키는 자들이 되어야 합니다.

셋째, 부활 소식을 전하라고 하셨습니다.

무서워하지 말라고 안심시키신 예수님은 이제 형제들에게 가서 예수님의 부활 소식을 전하라고 하셨습니다. 이제 여인들은 예수님의 부활을 목격한 증인이요, 그 소식을 전하는 사명자가 되었습니다. 1885년 4월 5일 아펜젤러와 언더우드 선교사 일행이 제물포에 첫발을 내디뎠습니다. 아펜젤러는 이 소식을 본국 선교본부에 알리며 기도로 글을 맺었습니다. “우리는 부활주일에 이곳에 왔습니다. 주검의 철창을 부수신 주님께서 이 민족을 얽매고 있는 사슬들을 깨치시어 이들로 하여금 하나님의 자녀들이 누리는 자유와 빛을 얻게 하소서."

예수 그리스도의 부활은 우리가 생을 다하는 그 순간까지 멈추지 말고 전해야 할 기쁨과 소망의 소식입니다. 여전히 사망의 어둠에 갇혀 있는 이들에게 참 생명의 길을 알려 주어야 합니다. 부활의 주님만이 참 생명입니다.

부활하신 예수님은 위로와 평안의 말씀으로 제자들에게 사명을 주셨습니다. 우리는 예수님께서 주신 평안하냐, 무서워하지 말라는 말씀을 마음에 새기고 주님의 평안을 누려야 합니다. 말씀으로 부활 사건을 목격한 증인이 되어 기쁜 소식을 전하는 사명을 감당해야 합니다.

말씀 행하기

묵상 질문

1. 어떤 말씀이 평안과 기쁨으로 다가왔습니까?
2. 부활 신앙으로 두려움을 이긴 경험이 있습니까?
3. 부활의 증인으로 살기 위해 힘써야 할 것은 무엇입니까?

삶에 적용하기

예수 그리스도의 부활을 깊이 묵상하고, 한 주간 예수님의 부활 소식을 세 사람 이상에게 전해 봅시다.

중보 기도	**하나님 나라와 건강한 교회와 행복한 가정을 위해 기도합니다.** [나라와 민족, 담임목사와 교회, 선교사와 선교지, 속회원, 전도 대상 등 서로의 기도 제목을 나누고 함께 기도합니다.]
헌금/찬송	**515장 눈을 들어 하늘 보라**
마침 기도	**주님의 기도** [서로를 축복하며 삶의 자리로 나아갑니다.]

예수님이 주시는 양식

한 주간의 삶 나누기

조용한 기도

찬송　295장 큰 죄에 빠진 나를

기도　맡은 이

오늘의 말씀　요한복음 6장 22~27절

암송할 말씀　썩을 양식을 위하여 일하지 말고 영생하도록 있는 양식을 위하여 하라 (27)

말씀 나누기

예수님이 디베랴의 갈릴리 호수 건너편에 가셨을 때, 많은 무리가 모여들었습니다. 예수님은 굶주린 그들을 보시고는, 한 소년이 가져온 보리떡 다섯 개와 물고기 두 마리로 오천 명을 먹이셨습니다. 기적을 체험한 무리는 예수님을 또다시 찾아왔고, 예수님은 그들에게 영생을 주는 양식에 대해 말씀하셨습니다.

예수님이 주시는 양식은 무엇입니까?

첫째, 육체의 필요를 채우는 양식입니다.

예수님은 따라온 무리가 굶주려 기진해 있음을 아시고는 불쌍히 여기셨습니다. 그래서 한 소년이 가져온 오병이어로 오천 명이 배불리 먹고도 열두 바구니가 남는 기적을 행하셨습니다.

예수님은 우리 육신의 필요를 누구보다 세세히 아시며, 넘치도록 채워 주실 수 있는 능력의 주님입니다. 예수님의 이름으로 일용할 양식을 위해 기도하면, 구하는 것뿐만 아니라 구하지 않은 것까지도 하나하나 넉넉하게 채워 주십니다. 우리는 이 믿음을 가지고 예수님의 이름으로 날마다 간구해야 합니다.

둘째, 영혼을 살리는 양식입니다.

떡을 배불리 먹은 무리는 예수님을 찾으러 배를 타고 가버나움까지 왔습니다. 예수님은 그들에게 썩어 없어질 양식을 얻으려고 일하지 말고, 영생에 이르도록 남아 있을 양식을 위해 일하라고 하셨습니다. 육체를 위한 양식보다 영혼을 살리는 양식이 더 중요하다고 말씀하신 것입니다. 영혼을 살리는 양식은 예수 그리스도께서 가지신 양식이며, 그분이 주시는 양식입니다. 예수님은 "나는 생명의 떡이니 내게 오는 자는 결코 주리지 아니할 터이요 나를 믿는 자는 영원히 목마르지 아니하리라(35)."고 말씀하셨습니다.

영혼의 양식이신 예수님은 우리에게 참된 평안과 기쁨을 주시며, 세상을 이기는 삶을 살게 하십니다. 육체의 양식을 넘어 영혼을 살리는 양식을 구하는 자만이 그 은혜를 누릴 수 있습니다.

셋째, 영생하게 하는 양식입니다.

육신의 양식을 위해 예수님을 찾은 무리처럼, 우리나라 선교 초기에도 먹을 것을 얻으려고 교회에 나오는 이들이 있었습니다. 그들은 예배와 설교는 뒷전이고, 오직 교회에서 나눠 주는 물건에만 관심이 있었습니다. 선교사들은 이들을 '쌀 교인(Rice Christian)'이라고 불렀습니다. 자연히 자기 요구가 채워지지 않으면 교회를 떠나는 사람들도 생겼습니다. 그러나 예배당에 드나들면서 믿음의 씨앗이 심어져 '참 교인(Real Christian)'으로 변화되는 이들도 있었습니다. 이들은 교회의 귀한 머릿돌이 되었습니다. 이들의 심령에는 영생의 양식인 예수님이 있었기 때문입니다. 육신의 양식을 찾으러 왔다가 영생하는 양식을 얻게 된 것입니다.

우리도 썩어 없어져 버릴 것이 아니라 영원에 이르도록 남아 있을 것을 구하는 성도가 되어야 합니다.

예수님은 썩어 없어질 육의 양식을 얻으려고 힘쓰지 말고, 우리와 언제나 함께 있을 양식, 영원한 생명을 주는 양식을 위해 일하라고 하셨습니다. 예수님이 바로 그 양식입니다. 예수님을 나의 구주로 믿고 고백하며 그분을 위해 사는 사람에게 영원한 생명이 약속되어 있습니다.

묵상 질문

1. 주님께 기도함으로 채워 주시는 은혜를 경험한 적이 있습니까?
2. 영혼의 양식인 주님의 말씀으로 위로받은 경험에는 어떤 것이 있습니까?
3. 어떤 경험을 통해 구원의 확신을 얻었습니까?

삶에 적용하기

쌀 교인이 아닌 참 교인이 되기 위해 힘써야 할 일이 무엇인지 나누고 실천해 봅시다.

중보 기도 하나님 나라와 건강한 교회와 행복한 가정을 위해 기도합니다.
[나라와 민족, 담임목사와 교회, 선교사와 선교지, 속회원, 전도 대상 등 서로의 기도 제목을 나누고 함께 기도합니다.]

헌금/찬송 327장 주님 주실 화평

마침 기도 주님의 기도 [서로를 축복하며 삶의 자리로 나아갑니다.]

한 주간의 삶 나누기

조용한 기도

찬송　　　363장 내가 깊은 곳에서

기도　　　맡은 이

오늘의 말씀　　마태복음 18장 21~35절

암송할 말씀　　너희가 각각 마음으로부터 형제를 용서하지 아니하면 나의 하늘 아버지께서도 너희에게 이와 같이 하시리라 [35]

말씀 나누기

베드로는 예수님께 형제를 몇 번이나 용서해 주어야 하는지 물었습니다. 예수님은 일곱 번을 일흔 번까지라도 하라고 일러 주셨습니다. 예수님을 구주로 믿는 사람은 그분의 십자가 은혜로 감히 씻을 수 없는 죄를 용서받았습니다. 그렇게 크나큰 은혜를 받은 존재이기에, 우리가 용서하지 못할 형제의 죄는 없습니다.

어떻게 용서할 수 있습니까?

첫째, 하나님의 은혜로 용서받은 자임을 깨달아야 합니다.

주인에게 만 달란트 빚진 종이 있었습니다. 종은 빚을 갚을 수 없었기에, 주인은 그 사람과 그의 처자식과 살림을 몽땅 내다 팔라고 명했습니다. 하지만 종이 자기 발 앞에 엎드려 애원하자 주인은 불쌍히 여겨 그의 모든 빚을 탕감해 주었습니다.

우리도 주인이신 하나님 앞에서 형벌을 받을 수밖에 없는 죄인입니다. 세상 그 무엇도 우리의 죗값을 대신할 수 없습니다. 그러나 하나님은 우리를 불쌍히 여겨 독생자 예수 그리스도를 내어주셨습니다. 그분을 십자가에서 희생제물로 삼아 그 피로 우리의 모든 죄를 대신 갚아 주셨습니다. 이 은혜를 마음 깊이 깨달을 때, 우리는 형제를 진심으로 용서할 수 있습니다.

둘째, 조건 없이 용서해야 합니다.

베드로는 예수님께 형제를 일곱 번 용서하면 되냐고 물었습니다. 당시 유대인들은 죄를 지은 이가 회개하면 세 번까지는 용서하라고 가르쳤습니다. 그런 상황에서 일곱 번을 말했으니, 베드로는 내심 자신이 아주 많이 용서하는 것으로 생각했을 것입니다. 그러나 예수님은 일곱 번뿐 아니라 일곱 번을 일흔 번까지라도 용서하라고 하셨습니다. 이 말씀은 조건 없이 용서하라는 가르침입니다.

우리는 하나님의 전적인 은혜로 조건 없이 모든 죄를 용서받았습니다. 그런 우리가 내게 상처를 준 사람에게는 한없이 모질고 계산적입니다. 용서의 손길을 내미는 순간까지도 손익을 따지고 조건을 내세웁니다. 비유 속 주인은 종의 이런 행태를 전해 듣고는 불같이 화를 냈습니다. 조건 없이 용서받은 자는 조건 없이 용서해야 마땅합니다.

셋째, 형제와 이웃을 용서해야 합니다.

예수님은 이 비유로, 우리가 하나님께 크나큰 용서를 받았으니 그 은혜를 잊지 말고 형제의 작은 허물을 용서해야 한다고 가르치셨습니다. 형제를 마음으로 용서하지 않는 자는 하늘 아버지의 용서를 바랄 수 없음을 말씀하셨습니다. 구한말 강화의 부자 교인 종순일은 이 말씀을 읽고 깨달은 바를 삶에서 실천했습니다. 주일 오후 예배를 마치고 집으로 돌아온 그는 자기에게 돈을 빌려 간 사람들을 불러 모았습니다. 그러더니 빚 문서를 꺼

내 모두가 보는 앞에서 불태워 그들의 빚을 탕감해 주었습니다. 주님의 말씀대로 살려고 한 종순일과 그의 아내는 강화, 석모, 주문, 옹진에 수십 개의 교회를 개척하여 강화 기독교 역사에 큰 발자취를 남기는 귀한 전도자로 쓰임받았습니다.

내게 상처를 준 사람을 조건 없이 용서하기는 쉽지 않은 일입니다. 이는 하나님의 은혜로만 가능합니다. 하나님이 값없이 주시는 은혜로 내 죄를 용서해 주셨다는 사실을 마음 깊이 받아들여야 우리도 용서할 수 있습니다. 용서하면 원망과 분노의 감정이 사라져 마음이 평안해집니다. 용서받고 용서하는 자가 주님이 허락하시는 진정한 평안을 맛볼 수 있습니다.

말씀 행하기

묵상 질문

1. 하나님의 은혜로 용서받았음을 마음 깊이 느낀 경험이 있습니까?
2. 조건 없이 다른 사람을 용서한 적이 있다면 언제입니까?
3. 형제를 용서하여 받은 복에는 무엇이 있습니까?

삶에 적용하기

형제를 용서하는 방법에는 어떤 것들이 있는지 나누고 실천해 봅시다.

중보 기도	**하나님 나라와 건강한 교회와 행복한 가정을 위해 기도합니다.** [나라와 민족, 담임목사와 교회, 선교사와 선교지, 속회원, 전도 대상 등 서로의 기도 제목을 나누고 함께 기도합니다.]
헌금/찬송	**276장 아버지여 이 죄인을**
마침 기도	**주님의 기도** [서로를 축복하며 삶의 자리로 나아갑니다.]

하나님의 구원하심을 보리라

한 주간의 삶 나누기

조용한 기도

찬송	218장 네 맘과 정성을 다하여서
기도	맡은 이
오늘의 말씀	누가복음 3장 3~6절
암송할 말씀	모든 육체가 하나님의 구원하심을 보리라 함과 같으니라 (6)

말씀 나누기

하나님은 죄로 멸망할 사람들을 구원하시기 위해 항상 먼저 다가오십니다. 하나님의 사람을 세워 말씀을 전하게 하셔서 구원을 준비하십니다. 세례 요한은 하나님의 구원을 이루기 위해 예수님에 앞서 활동한 사람입니다. 하나님의 구원은 선지자들과 세례 요한을 통해 준비되고 시작되었습니다.

하나님의 구원은 어떻게 이루어졌습니까?

첫째, 회개의 세례로 이루어졌습니다.

하나님의 구원을 준비한 세례 요한은 요단강 주변 지역을 두루 다니며 회개의 세례를 전파했습니다. 회개의 세례는 죄 사함을 받게 하는 목적입니다. 하나님의 구원을 이루기 위해 첫 번째로 통과해야 할 문은 죄의 문제입니다. 사람은 죄를 지음으로 하나님과의 관계가 끊어지고, 하나님과 멀어지게 되었습니다. 그 결과 참 생명을 잃고 죄의 종노릇 하다가 심판받고 멸망하는 존재가 되었습니다. 하나님은 이런 인생들을 불쌍히 여기셔서 '회개'라는 살길을 주셨습니다. 회개는 죄를 뉘우치는 것으로 끝나는 것이 아닙니다. 하나님을 등지고 멀어졌던 삶을 돌이켜 하나님께로 돌아가는 행위입니다. 회개의 세례로 옛사람은 죽고 하나님께로 돌아가는 새사람이 될 때, 하나님의 구원은 이루어집니다.

둘째, 준비된 주의 길로 이루어졌습니다.

선지자 이사야는 예수님이 이 세상에 오시기 오래전에 이미 주의 길을 준비하라고 예언했습니다. 주의 길은 하나님의 아들이신 예수 그리스도께서 참사람으로 오시는 길입니다. 하나님은 이 길을 오래전부터 계획하시고, 선지자들을 통해 알려 주셨습니다. 그리고 이 약속된 길은 예수님이 이 땅에 오심으로 세상에 드러났습니다. 주의 길은 하나님의 아들이신 예수 그리스도가 모든 사람의 죄를 대속하는 제물이 되어 죽는 십자가의 길로 이어져 있었습니다. 십자가의 길은 모든 사람의 죄를 단번에 사하고 하나님의 구원을 이루는 구원의 길이 되었습니다.

예수님을 믿고 따르는 우리는 모두 주의 길을 발견한 자요, 그 길로 나아가는 자입니다. 하나님의 구원을 위해 주의 길을 따르려는 사람은 날마다 자기 십자가를 지고 따라가야 합니다.

셋째, 차별 없이 이루어졌습니다.

하나님의 구원은 높은 산이 낮아지고, 골짜기가 메워지고, 굽은 것이 곧아지고, 험한 길이 평탄하게 되는 복음이었습니다. 한국교회에도 평탄하게 하는 복음이 전해졌습니다. 1895년 관자골 백정 박성춘은 중병에 걸렸다가 제중원 의료 선교사 에비슨의 치료로 고침을 받고 예수님을 믿게 되었습니다. 그는 무어 선교사가 사역하던 양반 마을 곤당골(소공동)에 있는 교회에 출석했습니다. 19세기 말 우리나라는 여전히 반상(班常)의 질서가 엄격한 사회였습니다. 천민은 양반과 한자리에 앉을 수 없었습니다. 그런데 교회에서는 양반과 백정이 함께 앉아 예배했습니다. 박성춘은 백정도 사람으로 대접해 주는 종교가 왔다고 소리쳐 복음을 전했습니다.

구원은 모든 차별을 부수고 평탄하게 이루어집니다. 우리도 누구든지 차별하지 말고 구원의 복음을 전해야 합니다.

하나님의 구원은 "모든 육체가 하나님의 구원하심을 보리라."고 한 이사야 선지자의 예언대로 세상의 모든 굴곡을 메웁니다. 회개하고 하나님께로 돌아오는 모든 사람과 주의 길을 따라가는 모든 사람에게 하나님은 동일하게 구원의 은혜를 베풀어 주십니다. 우리 교회도 높고 낮음 없이 평탄하게 하는 복음이 세상에 울려 퍼지도록 힘써야 합니다.

묵상 질문

1. 회개를 통해 삶이 변화된 경험에는 무엇이 있습니까?
2. 예수님을 따라가기 위해 내가 감당해야 할 십자가는 무엇입니까?
3. 차별 없이 복음을 전하기 위해 힘써야 할 일은 무엇입니까?

삶에 적용하기

우리 교회가 차별 없이 이루어지는 하나님의 구원을 보려면 무엇에 힘써야 하는지 나누고 실천해 봅시다.

중보 기도	**하나님 나라와 건강한 교회와 행복한 가정을 위해 기도합니다.** [나라와 민족, 담임목사와 교회, 선교사와 선교지, 속회원, 전도 대상 등 서로의 기도 제목을 나누고 함께 기도합니다.]
헌금/찬송	**563장 예수 사랑하심을**
마침 기도	**주님의 기도** [서로를 축복하며 삶의 자리로 나아갑니다.]

회개에 합당한 열매를 맺으라

한 주간의 삶 나누기

조용한 기도

찬송	278장 여러 해 동안 주 떠나
기도	맡은 이
오늘의 말씀	누가복음 3장 7~14절
암송할 말씀	회개에 합당한 열매를 맺고 속으로 아브라함이 우리 조상이라 말하지 말라 (8)

말씀 나누기

세례 요한은 세례받으러 요단강으로 나아오는 무리를 향해 '독사의 자식들'이라고 책망했습니다. 그러면서 회개에 합당한 열매를 맺으라고 했습니다. 좋은 열매를 맺지 않는 나무마다 찍혀 불에 던져질 것이라고 경고하며 회개할 것을 외쳤습니다.

회개에 합당한 열매를 맺으려면 어떻게 해야 합니까?

첫째, 나눔의 삶을 살아야 합니다.

세례 요한의 책망을 들은 사람들은 자신들이 무엇을 해야 할지를 물었습니다. 세례 요한은 두 벌 옷이 있는 사람은 없는 이에게 나눠 주고, 먹을 것이 있는 사람은 없는 이에게 나눠 주라고 선포했습니다. 하나님은 입을 것과 먹을 것이 넘쳐나는데도 어려운 이웃과 나누지 않는 삶을 기뻐하지 않으십니다.

초대 교회에 성령이 임하자, 그들은 회개하고 이전과 다른 삶을 살았습니다. 모든 물건을 서로 통용하고 필요한 대로 나누었습니다. 이러한 나눔의 실천으로 초대 교회에는 가난한 사람이 없었습니다(행 4:34). 도움이 필요한 이웃에게 내 소유를 나눠 주는 것, 이웃을 나 자신처럼 사랑하는 것이 회개에 합당한 열매를 맺는 것입니다.

둘째, 정직한 삶을 살아야 합니다.

세례 요한은 세리들에게, 법으로 부과된 세금 외에는 다른 부당한 방법으로 세금을 거두지 말라고 했습니다. 또 군인들에게는 힘과 권력으로 백성을 강탈하지 말고, 부당하게 거짓으로 고발하지 말라고 했습니다. 나라의 녹을 먹는 사람은 받는 봉급에 만족하라고 했습니다.

인간 내면에 있는 죄는 우리를 거짓과 부정으로 이끌어 갑니다. 심지어 그것을 죄로 여기지 않게까지 합니다. 그러나 회개의 영이 임하면 숨겨졌던 모든 죄와 허물이 드러나 스스로 죄인임을 깨닫게 됩니다. 죄를 깨닫고 삶의 방향을 바꾸어야 진정한 회개입니다. 그동안의 거짓과 부정을 멀리하고, 정직한 삶으로 변화되는 것입니다. 정직한 삶을 회복하는 것이 회개에 합당한 열매를 맺는 것입니다.

셋째, 형제를 존귀하게 여기며 살아야 합니다.

세례 요한은 회개에 합당한 열매가 삶으로 나타나야 한다고 말했습니다. 한국교회는 형제를 존귀하게 여김으로 그 열매를 드러냈습니다. 양반 중심의 공동체인 상동교회는 백정 출신 박성춘을 초대 장로로 세웠습니다. 갈등과 분열도 있었지만, 결국 그리스도의 사랑으로 양반과 백정이 서로를 존귀하게 여김으로 하나 된 교회를 이루었습니다. 또한 월남 이상재 선생은 감옥에서 예수님을 만난 후, 유학자요 벼슬한 자의 교만함을 회개하고 예수 그리스도의 겸비와 사랑을 삶으로 보여 주었습니다.

예수님을 만나 양반은 겸손해지고, 천민은 하나님의 아들임을 깨달아 서로를 존귀하게 여겼습니다. 이렇게 회개에 합당한 열매가 삶으로 나타나 서로를 귀하게 여기는 공동체가 하나님의 교회입니다.

세례 요한은 유대인들을 책망하며 회개에 합당한 열매를 맺으라고 선포했습니다. 그들은 자신들이 하나님께 택함받은 백성이기에 회개하지 않아도 상관없다고 생각했습니다. 그러나 회개 없이는 변화도 없고, 구원도 없습니다. 나눔과 정직, 형제를 존귀히 여김으로 회개에 합당한 열매를 맺는 삶을 살아야 합니다.

묵상 질문

1. 나눔을 실천하여 누린 기쁨이 있습니까?
2. 정직을 실천하여 받은 복이 있습니까?
3. 형제를 존귀히 여기는 행동에는 어떤 것들이 있습니까?

삶에 적용하기

한 주간 외롭고 가난하고 병든 이웃을 위해 기도하고, 찾아가 섬기고, 받은 은혜를 나누어 봅시다.

중보 기도	하나님 나라와 건강한 교회와 행복한 가정을 위해 기도합니다. [나라와 민족, 담임목사와 교회, 선교사와 선교지, 속회원, 전도 대상 등 서로의 기도 제목을 나누고 함께 기도합니다.]
헌금/찬송	289장 주 예수 내 맘에 들어와
마침 기도	주님의 기도 [서로를 축복하며 삶의 자리로 나아갑니다.]

한 주간의 삶 나누기

조용한 기도

찬송   321장 날 대속하신 예수께

기도   맡은 이

오늘의 말씀   사도행전 11장 19~26절

암송할 말씀   만나매 안디옥에 데리고 와서 둘이 교회에 일 년간 모여 있어 큰 무리를 가르쳤고 제자들이 안디옥에서 비로소 그리스도인이라 일컬음을 받게 되었더라 (26)

 말씀 나누기

    안디옥 교회는 핍박을 받아 흩어지게 된 예루살렘 교회 교인들이 세운 교회입니다. 이 교회를 통해 많은 사람이 예수 그리스도의 복음을 들었습니다. 그들은 믿음으로 거듭나 예수님의 제자가 되었습니다. 그때 세상 사람들은 예수 믿는 사람들을 처음으로 '그리스도인'이라고 부르기 시작했습니다.

그리스도인으로 불린 이유는 무엇입니까?

첫째, 예수 그리스도를 따랐기 때문입니다.

    그리스도인은 '그리스도를 따르는 사람'이라는 뜻입니다. 세상 사람들이 보기에 그리스도인은 예수 그리스도의 말씀을 듣고 지키고 행하는 사람들이었습니다. 여호와 하나님만을 믿는 유대인과도 다르고, 우상을 섬기는 이방인과도 달랐습니다. 그들은 별나게도 십자가에 달려 죽은 예수를 따랐습니다. 저주받아 억울하게 죽은 사람을 그리스도로 믿고, 그의 말씀을 따라 착한 행실을 하는 사람들이었습니다.

한마디로 그리스도인은 예수 그리스도를 믿고 따르는 사람, 착한 행실로 그분의 말씀을 살아내는 사람입니다.

둘째, 예수님의 이름으로 모였기 때문입니다.

안디옥 교회는 예수의 이름으로 모여 주의 말씀으로 가르침을 받은 공동체였습니다. 그들은 세례를 받고 그리스도 공동체의 일원이 되어 제자의 삶을 살았습니다. 예수님의 이름으로 모였다는 것은 그 공동체의 머리가 예수 그리스도라는 의미입니다. 유대인 공동체도, 이방인 공동체도 아닌 그들을 구별하기 위해 부른 명칭이 바로 '그리스도인'입니다. 후에는 그들 자신도 그리스도인의 모임이라고 불렀습니다.

그리스도인은 예수 그리스도의 이름으로 모이기에 힘쓰는 사람들입니다. 모여서 함께 주의 말씀을 듣고 지키며 제자의 삶을 살아가는 사람들입니다.

셋째, 예수님 안에서 하나가 되었기 때문입니다.

안디옥 교회 교인들은 예수 안에서 한 몸을 이루는 지체가 되었습니다. 1890년대 강화도 교인들 역시 그리스도 안에서 한 몸이라는 의식이 강했습니다. 그래서 자기 이름을 바꾸기까지 했습니다. 강화도 북단 홍의마을의 훈장 박능일이 예수님을 믿자, 마을 사람들도 따라서 믿기 시작했습니다. 그때 마을 사람들은 세례를 받으면서 이름을 바꾸었습니다. 물려받은 성씨는 그대로 둔 채, 처음으로 예수를 믿었다는 의미에서 마지막 글자는 '일' 자 돌림으로 하고, 가운데 글자는 '신' '애' '능' '인' '순' 등을 제비 뽑아 개명했습니다. 그래서 박능일, 권신일, 권인일, 종순일, 김경일 등의 이름이 되었습니다. 그들은 이렇게 이름을 바꾸어 그리스도 안에서 하나라는 자신들의 신앙을 고백했습니다.

　우리는 성도 다르고 이름에 돌림자가 들어가지도 않지만, 예수를 주와 그리스도로 고백하는 믿음 안에서 하나입니다. 그래서 우리는 모두 그리스도인이라는 한 이름을 가졌습니다.

　예수님을 믿는 우리는 그리스도 안에서 그리스도인이라는 새 이름을 받은 사람들입니다. 그리스도인은 주의 말씀을 듣고 따르는 사람들입니다. 그 이름으로 모인 사람들입니다. 그 이름으로 하나가 된 사람들입니다. 그리스도인으로 칭함을 받은 우리는 그 이름의 능력으로 오늘을 살아가야 합니다.

말씀 행하기

묵상 질문
1. 말씀대로 살아 사람들에게 칭찬받은 일이 있습니까?
2. 다른 이들과 모여서 함께 예배드리며 좋았던 경험이 있습니까?
3. 나의 이름에는 무슨 뜻이 있습니까?

삶에 적용하기
그리스도인이라는 자부심을 느끼게 한 일을 서로 나누어 봅시다.

중보 기도	**하나님 나라와 건강한 교회와 행복한 가정을 위해 기도합니다.** [나라와 민족, 담임목사와 교회, 선교사와 선교지, 속회원, 전도 대상 등 서로의 기도 제목을 나누고 함께 기도합니다.]
헌금/찬송	**23장 만 입이 내게 있으면**
마침 기도	**주님의 기도** [서로를 축복하며 삶의 자리로 나아갑니다.]

한 주간의 삶 나누기

조용한 기도

찬송   254장 내 주의 보혈은

기도   맡은 이

오늘의 말씀   사도행전 2장 37~42절

암송할 말씀   그 말을 받은 사람들은 세례를 받으매 이 날에 신도의 수가
           삼천이나 더하더라 (41)

말씀 나누기

예수님은 제자들에게 성령이 임하시면 권능을 받고 땅끝까지 이르는 증인이 될 것이라고 하셨습니다. 예수님을 세 번이나 모른다고 부인했던 베드로도 오순절에 성령의 충만함을 받고 놀랍게 변화되었습니다. 초대 교회는 성령으로 충만한 제자들을 통해 계속 부흥했습니다.

부흥하는 공동체가 되려면 어떻게 해야 합니까?

첫째, 하나님의 말씀을 듣고 회개해야 합니다.

성령으로 충만해진 베드로는 유대인들과 예루살렘 거민들을 향해 담대히 말씀을 전했습니다. 하나님께서 예수님을 통해 큰 권능과 표적을 보여 주셨으나, 그들이 예수님을 알아보지 못하고 십자가에 못 박아 죽였다고

했습니다. 그러나 하나님이 예수님을 다시 살리셔서 그들의 구원자가 되게 하셨다고 선포했습니다. 베드로의 설교를 들은 사람들은 마음에 찔려서 자신들이 어떻게 하면 좋겠는지를 물었습니다.

말씀이 임하면 자기의 숨겨진 내면을 돌아보게 됩니다. 하나님의 말씀은 살아 있고 활력이 있어 좌우에 날 선 어떤 검보다도 예리하여 혼과 영과 및 관절과 골수를 찔러 쪼개며 또 마음의 생각과 뜻을 판단하기 때문입니다(히 4:12~13). 말씀 앞에서는 아무것도 숨길 수 없습니다. 하나님의 말씀을 듣고 죄인 됨을 깨달아 삶에 변화가 나타나는 공동체가 부흥합니다.

둘째, 회개하고 성령을 선물로 받아야 합니다.

베드로는 찔림을 받고 갈등하는 이들에게 회개하고 예수 그리스도의 이름으로 세례를 받으라고 했습니다. 그러면 하나님이 부르시는 모든 사람에게 약속하신 성령을 선물로 받을 것이라고 했습니다. 이날 베드로의 설교를 듣고 세례를 받아 신도가 된 사람이 삼천 명이나 되었습니다.

회개는 하나님께로 방향을 돌이키는 것입니다. 자기중심에서 예수님 중심의 삶으로 변화되는 것입니다. 또한 세례는 나는 죽고 예수 그리스도와 함께 살아 그분과 연합하는 것을 의미합니다. 예수님과 연합하여 동행하면 성령이 역사하십니다. 성령이 임하시면 놀라운 부흥의 역사가 일어납니다. 이렇듯 회개하고 성령을 선물로 받는 공동체가 하나님의 부흥을 경험합니다.

셋째, 성령의 인도하심을 받아야 합니다.

1903년 원산 대부흥 운동은 성령의 인도하심을 받은 하디 선교사를 통해 일어났습니다. 성령으로 충만해진 그는 사람들 앞에서 자기의 실패와 오만을 자복했습니다. 이후 원산에서 모이는 집회 때마다 공개적인 회개와 영적 각성이 일어났습니다. 이렇게 원산에서 타오르기 시작한 성령의 불길은 한반도 전체로 번져 나갔습니다. 부흥 운동을 경험한 한국 교인들은 죄를 회개하고 새로운 윤리의식으로 살아갔습니다. 그들이 회개한 죄목에는 살인, 간음, 절도, 거짓말 등도 있었지만, 기독교가 들어오기 전에는 죄로 여기지 않았던 흡연, 축첩, 노비, 제사, 주술 등도 포함됐습니다. 회개 운동은 근대 사회 윤리 형성에도 중요한 역할을 하여 한국 사회를 바꾸어 놓았습니다. 우리도 성령의 인도하심을 받아 부흥의 마중물이 되어야 합니다.

말씀을 듣고 진심으로 회개하는 모든 이에게 성령이 임하셨습니다. 복음은 성령의 임재를 경험한 이들을 통해 계속 확장되어 갔습니다. 지금도 마찬가지입니다. 하나님 말씀 듣는 것에 열심을 내고, 매 순간 말씀 앞에서 회개하며 성령의 임재를 사모할 때 우리 공동체도 부흥할 수 있습니다. 하나님은 그런 우리를 통해 하나님의 구원 역사를 이어가십니다.

말씀 행하기

묵상 질문
1. 나의 죄를 깨닫게 한 말씀은 무엇입니까?
2. 말씀을 듣고 회개한 후 내 삶은 어떻게 변화되었습니까?
3. 성령의 인도하심으로 어떤 일을 행했습니까?

삶에 적용하기
교회 부흥을 위해 우리 속회가 할 수 있는 일이 무엇인지 나누고 실천해 봅시다.

중보 기도　　하나님 나라와 건강한 교회와 행복한 가정을 위해 기도합니다.
[나라와 민족, 담임목사와 교회, 선교사와 선교지, 속회원, 전도 대상 등 서로의 기도 제목을 나누고 함께 기도합니다.]

헌금/찬송　　184장 불길 같은 주 성령

마침 기도　　주님의 기도 [서로를 축복하며 삶의 자리로 나아갑니다.]

화목하게 하려 하심이라

한 주간의 삶 나누기

조용한 기도

찬송	261장 이 세상의 모든 죄를
기도	맡은 이
오늘의 말씀	에베소서 2장 11~18절
암송할 말씀	또 십자가로 이 둘을 한 몸으로 하나님과 화목하게 하려 하심이라 (16)

말씀 나누기

유대인과 이방인은 함께할 수 없는 사람들이었습니다. 유대인들은 이방인들을 할례받지 않은 무리요, 세상에서 소망이 없고 하나님도 없는 자라고 비난했습니다. 이방인들은 유대인들을 자신들과 전혀 상관없는 사람들이라 생각했습니다. 그러나 하나님은 이 둘이 교회 공동체로 하나 되어 화목하기를 원하셨습니다.

하나님은 화목하게 하려고 무엇을 하셨습니까?

첫째, 막힌 담을 허무셨습니다.

하나님은 아브라함과 언약을 맺으심으로 이스라엘 백성이 자기 백성임을 선포하셨습니다. 그들을 통해 하나님의 복이 온 세상에 흘러 들어가기를 원하셨습니다. 그러나 유대인들은 아브라함이 받은 율법과 할례, 축복의 언약을 이방인들과 공유하는 대신 자신들과 이방인들을 구분하는 담으로 만들어 버렸습니다. 그 장벽을 깨뜨리려고 오신 분이 바로 예수 그리스도입니다.

십자가에 달려 죽임당하신 예수 그리스도의 피로 하나님과 사람 사이에 있는 막힌 담이 허물어졌습니다. 유대인과 이방인들 사이에 있는 증오의 담도 허물어졌습니다. 예수님이 흘리신 피로 세상의 모든 담이 사라졌습니다. 우리는 이 진리를 삶으로 드러내 화목하게 할 사명이 있습니다.

둘째, 새사람이 되게 하셨습니다.

하나님은 그리스도 안에서 유대인과 이방인이 새사람이 되길 원하셨습니다. 물과 기름이 섞이지 않듯, 그 둘은 하나가 될 수 없었습니다. 유대인들은 자신들이 선택받은 백성이라는 자의식으로 이방인들을 무시했습니다. 이방인들은 유대인들을 세상 모르는 어리석은 자들로 여겼습니다. 그들이 하나님이 원하시는 하나의 공동체가 될 방법은 오직 그리스도의 피로 새사람이 되는 것뿐이었습니다.

누구든지 그리스도 안에 있으면 새로운 피조물입니다. 이전 것은 지나가고 새사람이 됩니다(고후 5:17). 예수 그리스도로 새사람이 되면 인종과 민족이라는 견고한 담도 무너지게 됩니다. 그리스도를 덧입는 이들이 새사람이 되고, 새사람이 되는 이들이 화목할 수 있습니다.

셋째, 하나 되게 하셨습니다.

하나님은 이방인과 유대인이 하나 된 것처럼, 초기 한국교회도 하나 되기를 원하셨습니다. 1897년 12월 31일 정동교회는 예배당 봉헌 축하 행사로 청년 토론회를 열었습니다. 토론회 주제는 여성 교육 문제였습니다. 어떤 사람들은 인류의 타락이 여성(하와)에게서 비롯되었기에 여성 교육은 불가하다고 주장했습니다. 반면 다른 의견을 피력하는 사람들도 있었습니다. "하와가 죄를 지었지만, 마리아가 아니면 예수께서 어떻게 세상에 나오고 인간의 죄를 대속했겠는가! 하와만 보지 말고 마리아도 보라!" 이렇게 초기 한국교회는 하나 됨을 위해 교회 안에 존재하는 차별을 극복하려 했습니다.

하나님의 백성으로 부름받은 성도는 세상의 모든 차별과 편견을 넘어 그리스도 안에서 화해와 일치를 이루어야 합니다.

하나님은 세상의 모든 담을 헐어 서로 화목하길 원하셨습니다. 이를 위해 예수 그리스도는 십자가에서 희생하시고, 그 피로 막힌 담을 허무셨습니다. 성령께서는 유대인과 이방인이 그리스도 안에서 새사람이 되어 하나 되게 하셨습니다. 모든 사람이 그리스도 안에서 하나 되어 화목하게 살아가는 것이 하나님의 뜻입니다.

묵상 질문

1. 하나님이 서로의 막힌 담을 헐어 주신 경험에는 어떤 것이 있습니까?
2. 그리스도 안에서 나는 어떻게 새로워졌습니까?
3. 성도 간의 하나 됨을 위해 어떤 일을 하고 있습니까?

삶에 적용하기

교회가 하나 되기 위해 해야 할 일이 무엇인지 나누고 실천해 봅시다.

중보 기도	**하나님 나라와 건강한 교회와 행복한 가정을 위해 기도합니다.** [나라와 민족, 담임목사와 교회, 선교사와 선교지, 속회원, 전도 대상 등 서로의 기도 제목을 나누고 함께 기도합니다.]
헌금/찬송	**144장 예수 나를 위하여**
마침 기도	**주님의 기도** [서로를 축복하며 삶의 자리로 나아갑니다.]

한 주간의 삶 나누기

조용한 기도

찬송　545장 이 눈에 아무 증거 아니 뵈어도

기도　맡은 이

오늘의 말씀　사도행전 17장 22~31절

암송할 말씀　이는 정하신 사람으로 하여금 천하를 공의로 심판할 날을 작정하시고 이에 그를 죽은 자 가운데서 다시 살리신 것으로 모든 사람에게 믿을 만한 증거를 주셨음이니라 하니라 (31)

말씀 나누기

아덴 사람들은 셀 수 없이 많은 우상을 섬겼는데, 그 제단 중에는 '알지 못하는 신에게'라고 이름 붙인 곳도 있었습니다. 아레오바고 광장에 선 바울은 그들 누구도 알지 못했던 그 신이 바로 하나님이라고 가르쳐 주었습니다. 그리고 하나님은 자신을 모든 사람이 알 수 있도록 믿을 만한 증거를 주셨다고 했습니다.

하나님은 자신을 어떻게 증거하셨습니까?

첫째, 창조의 질서로 증거하셨습니다.

아덴 사람들은 종교심과 신앙심이 많아서 세상의 모든 것을 위해 제단을 만들고 제물을 바쳐 섬겼습니다. 하물며 자신들이 알지 못하는 신을 섬기지 않아서 벌을 받을까 봐 그 신까지 섬겼습니다. 그러나 그들은 우주 만물을 창조하고 다스리시는 하나님을 알지 못했습니다. 바울은 하나님께서 사람의 손으로 만든 전(殿)에 계시거나 무엇이 부족해서 사람의 도움을 받으실 분이 아니라고 설명했습니다. 창조주이신 그분은 만물에 생명과 호흡을 주시며 하늘과 땅을 질서 있게 다스리시는 분이라고 증거했습니다.

하나님이 아니고서는 세상의 창조와 질서는 설명할 수도, 이해할 수도 없습니다. 이 모든 것이 하나님을 증거하고 있습니다. 창조 질서와 역사를 다스리시는 하나님만이 우리가 섬길 오직 한 분입니다.

둘째, 죽은 자를 살려서 증거하셨습니다.

하나님은 예수님의 죽음과 부활로 생명의 주인이 누구인지, 인생의 주권이 누구에게 있는지 보여 주셨습니다. 바울은 하나님께서 사람을 공의로 심판하실 날을 정하시고, 아들이신 예수를 죽은 자 가운데서 다시 살리셔서 모든 사람에게 믿을 만한 증거를 주셨다고 전했습니다. 우리에게 믿을 만한 증거는 예수님의 부활과 생명입니다. 예수님은 "나는 부활이요 생명이니 나를 믿는 자는 죽어도 살겠고 무릇 살아서 나를 믿는 자는 영원히 죽지 아니하리니(요 11:25~26)."라고 하셨습니다. 예수님의 부활을 믿는 자에게 영원한 생명을 약속하신 것입니다.

부활은 인간의 지식과 방법으로 이해할 수 없습니다. 생명의 주권자이신 하나님만이 하실 수 있는 일입니다. 죽은 자도 다시 살리시는 하나님의 능력이 그분을 증거하고 있습니다.

셋째, 더듬어 찾게 하여 증거하셨습니다.

하나님은 이미 우리 역사 속에 계셨고, 우리 가운데서 먼저 일하고 계셨습니다. 도교에 심취해 있던 길선주는 하나님을 상제라 부르며 기도하던 중 "길선주야!"라고 부르시는 음성을 세 번 들었습니다. 그렇게 주님을 만나 "나를 사랑하시는 하나님 아버지, 나를 살려 주소서!"라고 고백한 그는 후에 능력 있는 복음 전도자가 되었습니다. 한편, 승려였던 김계안은 백두산에서 백일기도하고 내려오다가 빗길에 미끄러지면서 자신도 모르게 "아이쿠, 하나님!"이라고 외쳤는데, 이 일을 계기로 마음속에 부처가 아니라 하나님이 계심을 깨닫게 되었습니다. 마을로 내려온 그는 선교사를 통해 성경을 접하고 예수 그리스도를 만났습니다. 하나님은 눈에 보이지는 않지만, 우리가 더듬어서라도 발견할 수 있도록 가까이 계시는 분입니다. 지금도 여전히 다양한 방법으로 하나님 자신을 알게 하십니다.

하나님은 우리에게 하나님을 알 만한 증거를 주셨습니다. 성경은 예수 그리스도가 우리의 구원자임을 전합니다. 성령님은 하나님의 살아 계심을 믿게 합니다. 우리 주변에 있는 많은 증거를 통해 일상에서 일하시는 하나님을 발견하고, 이 사실을 아직도 알지 못하는 이들에게 전해야 합니다.

묵상 질문
1. 하나님이 하셨다고 고백할 만한 일에는 어떤 것이 있습니까?
2. 예수님을 영접하게 된 결정적 계기는 무엇이었습니까?
3. 생각지도 못한 은혜를 경험한 일이 있습니까?

삶에 적용하기
한 주간 경험한 하나님의 은혜를 나누어 봅시다.

중보 기도	**하나님 나라와 건강한 교회와 행복한 가정을 위해 기도합니다.** [나라와 민족, 담임목사와 교회, 선교사와 선교지, 속회원, 전도 대상 등 서로의 기도 제목을 나누고 함께 기도합니다.]
헌금/찬송	**292장 주 없이 살 수 없네**
마침 기도	**주님의 기도** [서로를 축복하며 삶의 자리로 나아갑니다.]

믿음으로 의롭다 함을 얻음

한 주간의 삶 나누기

조용한 기도

찬송	357장 주 믿는 사람 일어나
기도	맡은 이
오늘의 말씀	갈라디아서 3장 23~26절
암송할 말씀	이같이 율법이 우리를 그리스도께로 인도하는 초등교사가 되어 우리로 하여금 믿음으로 말미암아 의롭다 함을 얻게 하려 함이라 (24)

말씀 나누기

성경은 하나님의 구원 역사에 관한 기록입니다. 하나님은 타락한 인간이 구원받아 하나님의 백성으로 회복되기를 원하셨습니다. 이를 위해 구약에서는 율법을, 신약에서는 믿음을 사용하셨습니다. 율법은 우리를 그리스도께로 인도하는 역할을 하고, 믿음은 예수 그리스도를 통한 구원에 이르게 했습니다.

믿음으로 살려면 어떻게 해야 합니까?

첫째, 죄를 깨달아야 합니다.

바울은 믿음이 오기 전에 우리는 율법 아래에 매인 바 되고, 믿음의 때까지 갇혀 있었다고 했습니다. 율법은 죄를 깨닫게 하여 하나님께로 나아가게 하는 초등교사의 역할을 했습니다. 하나님은 자신의 백성이 세상에서 거룩히 구별되어 살도록 친히 율법을 세우셨습니다. 어두운 시대를 살아가는 사람들이 죄를 범하지 않도록 하고, 동시에 죄를 드러내 깨닫게 하려 함이었습니다. 바울은 그러나 율법의 역할은 예수님이 오실 때까지라고 단언했습니다. 믿음이 오면 율법의 역할은 중지되어 그 속박에서 해방된다고 가르쳤습니다.

우리는 하나님이 주신 율법으로 죄를 깨닫고 그리스도에게로 나아가는 길을 발견해서 믿음에까지 이르러야 합니다.

둘째, 하나님의 자녀답게 살아야 합니다.

율법은 그리스도에게로 우리를 인도하고, 그리스도를 믿는 믿음으로 우리는 의롭게 되었습니다. 율법에 익숙한 사람들은 믿음으로 의롭게 된다는 것이 이해하기 어려울 수 있습니다. 그러나 우리가 예수 그리스도를 믿는 믿음으로 구원에 이르는 것은 영원토록 변하지 않는 진리입니다.

이렇게 믿음으로 구원받아 하나님의 자녀가 된 사람은 그에 합당한 삶을 살아야 합니다. 믿음으로 구원에 이르는 것과 믿음에 합당한 삶을 사는 것은 동전의 양면과 같습니다. 절대 분리될 수 없습니다. 하나님 말씀에 순종하여 그 말씀을 일상에서 드러냄으로써 세상 사람들에게 복음을 전하는 삶을 살아야 합니다.

셋째, 진리를 추구해야 합니다.

율법이 사람들을 그리스도에게로 인도하는 초등교사의 역할을 한 것처럼, 우리 민족이 기독교를 받아들이는 데 유교가 그런 역할을 했습니다. 신석구 목사는 3·1운동 민족대표 33인 중 한 명으로 독립운동을 하다가 옥고를 치르고, 해방 후 1950년 평양 형무소에서 공산군에게 희생당했습니다. 그는 어려서부터 유교를 배워 몸소 실천하고 유학을 가르친 전형적인 조선의 선비입니다. 그가 기독교를 받아들인 이유는 유교로는 아무리 가르쳐도 사람됨을 이루지 못했는데, 기독교는 그것이 가능했기 때문입니다. 불완전한 것을 완전케 한 것이 예수의 가르침이었습니다. 신석구에게 공자는 초등교사였고, 예수는 완전한 교사였습니다.

사람이 아무리 지식과 지혜가 뛰어나도 분명히 한계가 있습니다. 영원불변의 참 진리는 바로 예수 그리스도입니다. 그분께로 나아가는 것이 살길입니다.

우리는 율법을 넘어 믿음으로 의에 이르고 하나님의 자녀가 되었습니다. 마찬가지로 내 지식을 넘어 영원한 진리를 깨달아야 합니다. 신석구 목사는 공자가 다시 살아와도 그를 믿지 않겠다고 선언했습니다. 우리를 살리는 것은 불완전한 초등교사가 아니라 완전한 예수 그리스도의 말씀입니다.

말씀 행하기

묵상 질문

1. 율법의 핵심인 십계명을 통해 깨달은 죄는 무엇입니까?
2. 하나님의 자녀로 살기 위해 어떤 일에 힘써야 합니까?
3. 예수를 믿은 후 내 삶의 태도는 어떻게 달라졌습니까?

삶에 적용하기

우리의 전통문화와 기독교 신앙이 대립하여 갈등이 생겼을 때, 지혜롭게 해결할 방법을 나누어 봅시다.

중보 기도   **하나님 나라와 건강한 교회와 행복한 가정을 위해 기도합니다.**
[나라와 민족, 담임목사와 교회, 선교사와 선교지, 속회원, 전도 대상 등 서로의 기도 제목을 나누고 함께 기도합니다.]

헌금/찬송   **382장 너 근심 걱정 말아라**

마침 기도   **주님의 기도** [서로를 축복하며 삶의 자리로 나아갑니다.]

성령이 그들에게 임하시므로

한 주간의 삶 나누기

조용한 기도

찬송	185장 이 기쁜 소식을
기도	맡은 이
오늘의 말씀	사도행전 19장 1~7절
암송할 말씀	바울이 그들에게 안수하매 성령이 그들에게 임하시므로 방언도 하고 예언도 하니 모두 열두 사람쯤 되니라 (6~7)

말씀 나누기

바울이 유럽 지역인 마게도냐 지방과 아가야 지방을 두루 다니다가 아시아 지역인 에베소로 돌아왔을 때의 일입니다. 거기서 몇몇 제자를 만나서 믿을 때에 성령을 받았는지를 물었습니다. 그들은 성령을 받기는커녕 성령이 있다는 말조차 들어 보지 못했다고 대답했습니다. 바울은 그들에게 복음을 전하고 성령을 받을 수 있게 도와주었습니다.

성령이 임할 때 어떤 일이 일어납니까?

첫째, 주 예수의 이름으로 세례를 받게 됩니다.

바울은 성령의 계심도 듣지 못한 사람들에게 무슨 세례를 받았는지 물었습니다. 그들은 요한의 세례를 받았다고 답했습니다. 바울은 세례 요한이 회개의 세례를 베풀면서 자기 뒤에 오시는 이를 믿으라고 외쳤는데, 그분이 바로 예수님임을 알려 주었습니다. 가르침을 받은 사람들은 즉시 주 예수의 이름으로 세례를 받았습니다. 그리고 바울의 안수를 통해 성령의 임하심을 경험하게 되었습니다. 요한의 세례를 받은 사람들이 다시 주 예수의 이름으로 세례를 받은 것은, 성령으로 온전한 회개를 이루는 거룩한 일이었습니다.

예수를 그리스도로 믿고 받는 세례는 성령이 역사하시는 세례입니다. 우리도 성령의 감동으로 참된 믿음을 고백하고, 성령으로 충만해지는 은혜를 입어야 합니다.

둘째, 성령의 은사가 나타납니다.

바울이 주 예수의 이름으로 세례를 베풀고 안수하자 성령이 임하고, 성령을 받은 자들은 방언도 하고 예언도 했습니다. 방언과 예언은 성령의 은사입니다. 하나님은 성령을 주실 때, 각 사람에게 필요한 은사를 주십니다. 어떤 사람에게는 믿음의 은사, 어떤 사람에게는 병 고치는 은사, 어떤 사람에게는 예언의 은사, 방언의 은사, 영 분별의 은사 등 모습은 다양합니다. 은사들 사이에는 높고 낮음이 없고, 각자가 받은 각각 다른 은사는 하나님의 뜻 안에서 모든 사람을 유익하게 합니다(고전 12:7). 성령의 은사가 나타나는 곳에는 하나님이 기뻐하시는 영적 부흥이 일어납니다. 그 은사를 받은 사람은 영이 새롭고 풍성해져서 교회에 덕을 끼치게 됩니다.

셋째, 부흥의 불길이 일어납니다.

초기 한국교회에도 이런 성령의 부흥이 일어났습니다. 1903년 원산 대부흥 운동과 1907년 평양 대부흥 운동이 그것입니다. 1903년 원산에서 일어난 대부흥은 하디 선교사의 회개에서 시작되었습니다. 1907년 평양에서 일어난 대부흥은 길선주 목사의 회개가 그 출발점입니다. 이처럼 대부흥 운동의 마중물은 회개 운동이었습니다.

하나님은 죄에서 돌이키는 자리에 성령을 보내 주셨고, 성령이 임할 때

부흥의 불길이 일어났습니다. 원산과 평양에서 시작된 부흥의 불길은 북으로는 선천과 의주, 남으로는 재령과 서울 등 전국으로 퍼져나갔습니다. 한국교회 부흥의 역사를 통해 알 수 있듯이, 성령이 임하는 곳에 부흥은 일어납니다.

하나님은 진정으로 회개하고 올바르게 예수님을 믿고자 하는 사람에게 성령을 주십니다. 그리고 당신의 뜻대로 각 사람에게 가장 좋은 은사를 나누어 주십니다. 성령의 은사를 통해 그 능력을 드러내고 열매를 거두게 하십니다. 그러므로 성도는 하나님의 부흥을 기대하며 성령이 임하기를 간절히 기도해야 합니다.

묵상 질문

1. 성령을 받기 위해 힘써야 할 일은 무엇입니까?
2. 어떤 성령의 은사를 받고 싶습니까? 그 이유는 무엇입니까?
3. 교회 부흥을 위해 힘써야 할 일은 무엇입니까?

삶에 적용하기

우리 속회가 더욱 부흥하기 위해 무엇에 힘써야 할지 나누고 실천해 봅시다.

중보 기도　　하나님 나라와 건강한 교회와 행복한 가정을 위해 기도합니다.
[나라와 민족, 담임목사와 교회, 선교사와 선교지, 속회원, 전도 대상 등 서로의 기도 제목을 나누고 함께 기도합니다.]

헌금/찬송　　182장 강물같이 흐르는 기쁨

마침 기도　　주님의 기도 [서로를 축복하며 삶의 자리로 나아갑니다.]

그리스도 예수 안에서 함께 지어져 가느니라

한 주간의 삶 나누기

조용한 기도

찬송	210장 시온성과 같은 교회
기도	맡은 이
오늘의 말씀	에베소서 2장 19~22절
암송할 말씀	너희도 성령 안에서 하나님이 거하실 처소가 되기 위하여 그리스도 예수 안에서 함께 지어져 가느니라 (22)

말씀 나누기

바울은 이방인 그리스도인들에게 교회가 무엇인지 가르치기를 원했습니다. 그들은 교회가 세상 모임과 무엇이 다른지 몰랐기 때문입니다. '주는 그리스도시요 살아 계신 하나님의 아들(마 16:16)'이라는 믿음의 반석 위에 세우신 것이 교회입니다. 교회가 어떤 모임인지를 알아야 올바른 신앙생활을 할 수 있습니다.

교회는 어떤 공동체입니까?

첫째, 하나님의 가족 공동체입니다.

에베소 교회는 새롭게 부름받은 하나님의 백성이 모인 공동체였습니다. 바울은 그들에게 교회 안에는 차별이 없고, 모두가 완전한 권리를 갖춘 하나님의 백성임을 가르치고자 했습니다. 그래서 교회 안의 모두가 '하나님의 가족 공동체'라고 선언했습니다. 하나님의 가족이라는 것은 '모두가 예수 안에서 상속자가 되고 함께 지체가 되고 함께 약속에 참여하는 자가 되었다(엡 3:6)'는 의미입니다. 가족 공동체로서 교회는 능력과 은사보다 하나님이 부르신 한 사람 한 사람을 귀하게 여깁니다. 모두를 하나님의 가족으로 받아들입니다. 서로 신뢰하고, 존중하고, 사랑하고, 이해하는 것, 이것이 하나님의 가족 공동체가 이루어 갈 아름다운 모습입니다.

둘째, 함께 지어져 가는 성전 공동체입니다.

바울은 에베소 교회를 하나님 나라를 세워 가는 성전이라고 했습니다. 사도들과 선지자들이 선포한 예수 그리스도의 복음이 성전의 토대요, 예수 그리스도가 그 토대를 결합하는 돌이면서 성전 전체를 견고하게 만드는 모퉁잇돌이라고 가르쳤습니다. 바울은 그리스도인이 하나의 돌로서 모퉁잇돌인 예수 그리스도 위에 세워지고 연결되고 자라나 하나님이 거하시는 성전이 된다고 했습니다.

교회는 하나님 나라 성전으로 지어져 가는 성전 공동체입니다. 돌과 돌이 서로 부딪쳐 깎이고 다듬어져 견고해지듯이, 우리도 견고한 성전으로 세워져야 합니다. 이 과정에서 섣부른 단정과 판단보다는 서로를 사랑으로 이해하고 끝까지 기다리며 함께해 주어야 합니다.

셋째, 하나가 되는 공동체입니다.

에베소 교회는 하나님 안에서 하나가 되었습니다. 바울이 말한 가족이요 성전인 교회는 하나 된 공동체를 의미했습니다. 한국교회 안에도 그런 움직임이 있었습니다. 1903년 원산 대부흥 운동과 1907년 평양 대부흥 운동 기간에 한국교회는 초대 교회로 돌아가자는 신앙 운동을 전개했습니다. 1905년에는 '감리교회'나 '장로교회'라는 명칭 대신 '대한예수교회'라는 이름의 단일 개신교회를 조직하고자 노력하기도 했습니다. 비록 선교사를 파송한 본국 교회의 이해관계 때문에 뜻을 이루지는 못했지만, 그 이후에 오순절 성령 체험으로 '장감연합공의회'를 조직하는 등 교단으로 분열된 한국교회를 하나 된 교회로 바꾸어 가려는 의지를 멈추지 않았습니다.

하나님께 부름받은 우리는 그리스도 안에서 모두 하나입니다. 하나 됨은 하나님의 뜻임을 기억하며, 내가 속한 공동체의 하나 됨을 이루기 위해 마음과 힘을 다해 헌신해야 합니다.

교회는 함께 지어져 가는 공동체입니다. 하나님의 가족 공동체로서 믿음 안에서 서로 아끼고 사랑해야 합니다. 성전 공동체로서 함께 세워져야 합니다. 하나 되는 공동체로서 연합과 일치를 이루어야 합니다. 그리스도의 장성한 분량까지 성장하기를 소망하며, 예수 안에서 함께 지어져 가는 교회를 하나님이 기뻐하십니다.

말씀 행하기

묵상 질문
1. 교회가 가족보다 더 가깝다고 느낀 적은 언제입니까?
2. 교회를 다니면서 다듬어진 나의 성품은 무엇입니까?
3. 교인들 간에 연합과 일치를 이루었던 일에는 무엇이 있습니까?

삶에 적용하기
교회를 다니지 않는 사람들에게 교회 공동체를 어떻게 전할지 나누고 실천해 봅시다.

중보 기도	**하나님 나라와 건강한 교회와 행복한 가정을 위해 기도합니다.** (나라와 민족, 담임목사와 교회, 선교사와 선교지, 속회원, 전도 대상 등 서로의 기도 제목을 나누고 함께 기도합니다.)
헌금/찬송	**197장 은혜가 풍성한 하나님은**
마침 기도	**주님의 기도** (서로를 축복하며 삶의 자리로 나아갑니다.)

한 주간의 삶 나누기

조용한 기도

찬송	285장 주의 말씀 받은 그 날
기도	맡은 이
오늘의 말씀	에베소서 4장 17~32절
암송할 말씀	오직 너희의 심령이 새롭게 되어 하나님을 따라 의와 진리의 거룩함으로 지으심을 받은 새 사람을 입으라 (23~24)

말씀 나누기

예수 그리스도를 나의 구주로 영접하고 구원의 확신을 가진 사람이 거듭난 사람입니다. 그는 이전과는 전혀 다른 새로운 가치관, 새로운 삶의 목표를 가지고 새로운 삶을 사는 사람입니다. 거룩한 하나님의 자녀로 성화의 삶을 살아가는 사람입니다.

거듭난 사람은 어떻게 살아야 합니까?

첫째, 옛사람을 벗어버려야 합니다.

우리가 예수님을 만나 거듭나기 이전의 삶은 죄의 지배를 받는 삶이었습니다. 그래서 하나님의 생명에서 벗어나 있었습니다. 마음의 허망한 것으로 행하고, 죄를 지어도 감각이 없었습니다. 죄가 죄인 줄도 모른 채 방탕

함과 욕심에 사로잡혀 살아가는 인생이었습니다. 그러나 예수님을 만나 거듭난 후로는 더 이상 어둠의 자녀가 아니라 빛의 자녀가 되었습니다. 죄 가운데 살았던 옛 생활을 청산하고, 예수님 안에서 새 삶을 사는 자녀가 된 것입니다.

이제 우리는 예수님 안에서 옛사람을 벗어버려야 합니다. 예수님을 만나기 전의 삶과 이후의 삶은 달라야만 합니다. 옛사람을 벗어버리고 의로움과 거룩함으로 지으심을 받은 새사람이 되어야 합니다.

둘째, 말과 마음이 거룩해져야 합니다.

거듭난 사람은 삶의 모습이 거룩해야 합니다. 먼저 말이 거룩해야 합니다. 말은 인격을 비추는 거울과도 같습니다. 선한 인격에서 악한 말이 나올 수 없듯이, 예수님 안에서 변화된 사람의 언어는 거룩함으로 채워져야 합니다. 거짓을 버리고 언제나 참된 것을 말해야 합니다. 더러운 말은 입 밖에도 내지 말고, 오직 덕을 세우는 데 필요한 선한 말을 해야 합니다. 또한 마음이 거룩해야 합니다. 부정적인 감정, 악독과 노함과 시기와 질투를 악의와 함께 버리고, 긍정적인 마음과 선하고 기쁜 마음으로 삶을 채워나가야 합니다.

사람은 말과 감정의 지배를 받습니다. 우리도 거듭난 사람답게 거룩한 말과 선한 마음으로 삶의 태도와 습관이 변화되어야 합니다.

셋째, 행함이 거룩해져야 합니다.

한국교회는 1903년 원산 대부흥 운동과 1907년 평양 대부흥 운동을 거치면서 전국적으로 성령 체험과 거듭남의 역사를 경험했습니다. 교인들은 옛사람의 삶을 버리고 거룩하고 새로운 삶을 실천해 나갔습니다. 복음을 받아들이기 전에는 전혀 죄로 여기지 않던 풍속이나 관습을 버리기 시작했습니다. 첩을 내보내고, 노비를 해방하여 풀어 주고, 제사를 폐하고, 허례와 허식으로 남아 있던 구습을 타파했습니다. 한국교회와 선교사들은 적극적인 금주, 금연 운동을 펼쳐서 성도들이 절제와 성결의 삶을 살도록 일깨웠습니다.

거룩한 삶으로의 변화는 작은 것을 실천하는 일에서 출발합니다. 그리고 그것을 시작할 시간은 바로 지금이어야 합니다.

예수 그리스도를 만나 거듭나고 거룩해진 우리는 계속해서 거룩한 삶을 살기 위해 애써야 합니다. 예수를 만나 성령으로 거듭난 사람에게도 여전히 옛 성품과 습관이 남아 있을 수 있는 까닭입니다. 그러므로 내 힘과 능력을 의지하지 말고, 오직 성령의 도우심을 소망하며 간구해야 합니다. 그분이 우리의 말과 마음과 행함을 거룩함으로 이끄실 것입니다.

말씀 행하기

묵상 질문
1. 벗어버려야 할 옛사람의 모습은 어떤 것입니까?
2. 거듭난 후 나의 언어 습관은 어떻게 바뀌었습니까?
3. 새사람으로 거듭난 후 어떤 것들을 실천에 옮겼습니까?

삶에 적용하기
거룩한 삶을 살기 위해 할 수 있는 일을 나누고 실천해 봅시다.

중보 기도	**하나님 나라와 건강한 교회와 행복한 가정을 위해 기도합니다.** [나라와 민족, 담임목사와 교회, 선교사와 선교지, 속회원, 전도 대상 등 서로의 기도 제목을 나누고 함께 기도합니다.]
헌금/찬송	**286장 주 예수님 내 맘에 오사**
마침 기도	**주님의 기도** [서로를 축복하며 삶의 자리로 나아갑니다.]

한 주간의 삶 나누기

조용한 기도

찬송	212장 겸손히 주를 섬길 때
기도	맡은 이
오늘의 말씀	누가복음 21장 1~4절
암송할 말씀	이 과부는 그 가난한 중에서 자기가 가지고 있는 생활비 전부를 넣었느니라 (4)

말씀 나누기

성전에 가신 예수님이 헌금함에 헌금을 넣는 사람들을 주의 깊게 보고 계셨습니다. 그러던 중 한 과부가 두 렙돈을 넣는 것을 보시고는 그를 칭찬하셨습니다. 예수님은 그의 모습을 통해 진정한 헌신이 무엇인지 알려 주셨습니다.

진정한 헌신은 무엇입니까?

첫째, 전부를 드리는 것입니다.

과부가 드린 렙돈은 당시 가장 작은 단위의 화폐였습니다. 하물며 렙돈은 빈약하다는 뜻도 있었습니다. 즉 과부가 드린 두 렙돈은 지극히 적은 헌금에 불과했습니다. 그런데 예수님은 그 과부가 다른 모든 사람보다 더 많이 넣었다고 칭찬하셨습니다. 왜냐하면 두 렙돈은 그 과부가 가진 소유의 전부였기 때문입니다.

진정한 헌신은 자기의 전부를 드리는 것입니다. 양의 많고 적음에 상관없이 자기가 가진 전부를 드리는 것이기에 이보다 귀한 것은 없습니다. 전부를 드려 헌신하는 이유는 사랑하기 때문입니다. 예수님은 두 렙돈에 담긴 과부의 헌신과 주님을 향한 사랑에 감동하여 그를 칭찬하셨습니다. 이처럼 자신의 전부를 드리는 헌신으로 사랑을 고백하는 사람을 주님이 기쁘게 받아 주십니다.

둘째, 최선을 다해 드리는 것입니다.

과부의 두 렙돈에는 그의 전적인 희생이 담겨 있었습니다. 과부는 구제받아야 할 대상이었지만, 오히려 전 재산을 아낌없이 드렸습니다. 자기의 최선을 드린 것입니다.

진정한 헌신에는 항상 드리는 사람의 최선이 담겨 있습니다. 달갑지 않게 드리는 헌신, 인색함으로 바치는 예물, 자신을 드러내기 위한 봉사에는 최선이 담기지 않습니다. 참되게 헌신하는 사람은 마음 중심에서 최선을 다해 드리고자 애씁니다. 예배를 드릴 때도 남는 시간이 아니라, 가장 먼저 성별해 드려야 합니다. 봉사도 자투리 시간이 아니라, 바쁘지만 시간을 쪼개서 가장 귀한 시간을 드려야 합니다. 우리가 최선을 다해 드리면, 하나님은 최고의 것으로 갚아 주십니다.

셋째, 자신을 드리는 것입니다.

한국교회는 선교 초창기부터 자신을 드리는 헌신의 열매가 가득했습니다. 초기 교인들은 돈이나 쌀 대신 시간을 바치는 '날연보'를 드렸습니다. 그날은 세상일을 뒤로하고 하나님의 일인 전도에 전념했습니다. 보수도 바라지 않고, 하루 종일 불신자들에게 복음을 전했습니다. 또한 여성들을 중심으로 돈이 아닌 시간의 십일조를 바치는 '십일조회'를 조직하여 남성들이 접근할 수 없는 여성들에게도 복음을 전했습니다. 밥을 지을 때 가족의 건강과 안녕을 소원하며 한 줌의 쌀을 떼어 드리던 전통이 성미로 이어져 목회자의 생활을 돕는 헌금으로 사용되었습니다. 이렇듯 우리 신앙 선조들은 물질과 시간과 마음을 다해 자기 전부를 드림으로 자립 교회의 전통을 세웠습니다.

은혜받은 자의 가장 아름다운 열매는 헌신입니다. 헌신하는 성도가 있는 곳에는 그리스도의 향기가 만발합니다(요 12:3). 진정한 헌신은 전부를, 최선을 다해, 자신을 드리는 것입니다. 우리의 헌신이 계산적이고, 억지로 하는 헌신이 아니었는지 돌아보아야 합니다. 하나님은 전심으로 헌신하는 사람에게 복을 주십니다.

말씀 행하기

묵상 질문
1. 전적인 헌신을 하려면 어떻게 해야 합니까?
2. 누군가의 헌신을 보고 감동받았던 적은 언제입니까?
3. 초기 한국교회 전통 중에 되살리고 싶은 것은 무엇입니까?

삶에 적용하기
교회를 위해 어떤 일에 헌신할 수 있을지 나누고 실천해 봅시다.

중보 기도 하나님 나라와 건강한 교회와 행복한 가정을 위해 기도합니다.
[나라와 민족, 담임목사와 교회, 선교사와 선교지, 속회원, 전도 대상 등 서로의 기도 제목을 나누고 함께 기도합니다.]

헌금/찬송 455장 주님의 마음을 본받는 자

마침 기도 주님의 기도 [서로를 축복하며 삶의 자리로 나아갑니다.]

한 주간의 삶 나누기

조용한 기도

찬송   94장 주 예수보다 더 귀한 것은 없네

기도   맡은 이

오늘의 말씀   마가복음 14장 3~9절

암송할 말씀   예수께서 베다니 나병환자 시몬의 집에서 식사하실 때에 한 여자가 매우 값진 향유 곧 순전한 나드 한 옥합을 가지고 와서 그 옥합을 깨뜨려 예수의 머리에 부으니 [3]

말씀 나누기

예수님께서 베다니 나병 환자 시몬의 집에서 식사하실 때의 일입니다. 한 여자가 나아오더니 매우 값진 향유를 예수님 머리에 부었습니다. 이 일이 일어난 시점은 대제사장들과 서기관들이 교묘히 예수님을 잡아 죽일 방법을 찾고, 제자인 가룟 유다까지 합류한 때였습니다. 세상은 이렇듯 악취로 가득했지만, 여인은 홀로 복음의 향기를 발하고 있었습니다.

예수님이 옥합을 깨뜨린 여인을 칭찬하신 이유는 무엇입니까?

첫째, 예수님께 좋은 일이었기 때문입니다.

여인의 행동을 보고 어떤 사람들은 화를 내면서 향유를 삼백 데나리온 이상에 팔아 가난한 자들에게 주는 게 나았겠다며 책망했습니다. 그러나 예수님은 여인을 괴롭게 하지 말라고 하시며, 그가 예수님께 좋은 일을 했다고 말씀하셨습니다. 당시 노동자의 하루 품삯이 한 데나리온이었으니, 삼백 데나리온은 1년 치 급여에 해당합니다. 이 사실에서 여인의 헌신이 얼마나 대단한 것이었는지 알 수 있습니다. 여인의 행동은 무모하거나 무의미한 것이 아니었습니다. 예수님을 다른 무엇보다 소중히 여겼기에 가능한 일이었습니다.

예수님은 물질이 있는 곳에 마음이 있다고 하셨습니다. '주 예수보다 더 귀한 것은 없네'라는 찬송가 가사가 우리의 신앙 고백이 되어야 합니다.

둘째, 예수님의 장례를 준비하는 일이었기 때문입니다.

예수님은 이미 여러 차례 자신의 죽음에 대해 말씀하셨지만, 제자들은 받아들일 준비가 되어 있지 않았습니다. 오히려 서로 높은 자리만을 탐하며, 이 땅에서의 영광만 생각했습니다. 그에 반해 여인은 예수님을 사랑하는 순수한 마음으로 옥합을 깨뜨렸습니다. 예수님은 힘을 다한 여인의 행위가 예수님 자신의 장례를 미리 준비한 것이라고 말씀하셨습니다. 가난한 사람들은 언제든 도울 수 있지만, 자신은 그렇지 않다고 다시 한번 죽음에 대해 일러 주셨습니다.

헌신의 기회는 언제나 있는 것이 아닙니다. 우리의 헌신이 최고의 헌신이 되기 위해서는 언제나 마지막 순간처럼 최선을 다해야 합니다.

셋째, 온 천하에 기억될 일이었기 때문입니다.

초기 한국교회에도 이 여인처럼 자기 삶을 깨뜨려 헌신한 여인들이 많았습니다. 그중에 한 사람이 전주 고아원 설립자이자 거리의 성녀(聖女)라고 불린 방애인입니다. 그는 예수 믿는 부모 아래서 신교육을 받으며 성장하여 교사가 되었지만, 영혼의 갈증은 어디서도 채울 수 없었습니다. 그러던 중 21세에 하나님의 음성을 듣고는 삶이 달라졌습니다. 학교생활 외의 대부분 시간을 가난한 자들과 병든 자들의 친구로 지냈습니다. 정신이 연약한 이들의 의식주를 직접 챙기면서 목욕시키는 일까지 마다하지 않았습다. 나병 환자들의 썩어가는 몸을 손수 닦고 어루만지며 눈물로 기도해 주었습니다. 1933년 24세의 나이로 하나님 품으로 돌아갈 때까지 방애인은 하나님께 온전히 자신을 바치며 살았습니다.

예수님의 말씀처럼, 옥합을 깨뜨린 여인과 초기 한국 교인들의 열정적인 헌신은 지금도 복음이 전파되는 곳마다 기억되고 있습니다.

하나님의 역사는 오직 예수님만을 사랑하고 헌신하는 이들을 통해 이루어집니다. 우리에게도 주님을 위해 사랑으로 옥합을 깨뜨리는 믿음과 용기가 필요합니다.

말씀 행하기

묵상 질문
1. 우리가 하는 헌신은 예수님이 기뻐하시는 헌신입니까?
2. 예수님을 위해 내가 드린 헌신에는 무엇이 있습니까?
3. 다른 사람의 헌신 중에 닮고 싶은 것은 무엇입니까?

삶에 적용하기
우리 교회 역사에서 교회를 위해 헌신한 이들을 찾아보고, 그들에게서 어떤 점을 본받아야 할지 나누고 실천해 봅시다.

중보 기도 하나님 나라와 건강한 교회와 행복한 가정을 위해 기도합니다.
[나라와 민족, 담임목사와 교회, 선교사와 선교지, 속회원, 전도 대상 등 서로의 기도 제목을 나누고 함께 기도합니다.]

헌금/찬송 217장 하나님이 말씀하시기를

마침 기도 주님의 기도 [서로를 축복하며 삶의 자리로 나아갑니다.]

32과 그날을 거룩하게 하였느니라

한 주간의 삶 나누기

조용한 기도

찬송 43장 즐겁게 안식할 날

기도 맡은 이

오늘의 말씀 출애굽기 20장 8~11절

암송할 말씀 이는 엿새 동안에 나 여호와가 하늘과 땅과 바다와 그 가운데 모든 것을 만들고 일곱째 날에 쉬었음이라 그러므로 나 여호와가 안식일을 복되게 하여 그 날을 거룩하게 하였느니라 (11)

말씀 나누기

구약의 안식일은 금요일 저물녘부터 토요일 저물녘까지를 의미합니다. 이날에 유대인들은 모든 일을 멈추고, 철저하게 하나님께 예배드리며 쉼의 시간을 가졌습니다. 우리는 이러한 안식일 정신을 계승하고 예수 그리스도의 부활을 기념하여 안식 후 첫날인 주일에 영과 육의 쉼을 가지며 예배를 드립니다.

주일을 온전히 지키기 위해서는 어떻게 해야 합니까?

첫째, 기억하여 거룩하게 지켜야 합니다.

하나님은 안식일을 기억하여 거룩하게 지키라고 명하셨습니다. 여기서 '기억하라'는 말은 단순히 날짜를 기억하라는 의미가 아닙니다. 마음과 행동으로 하나님이 명하신 이날을 거룩하게 구별하라는 뜻입니다. 안식일을 기억하는 것은 하나님이 우리에게 주신 창조 질서와 그분의 섭리를 인정하는 것입니다. 이 창조의 섭리를 따라 우리도 일곱째 날을 기억하여 예수님이 부활하신 주일을 거룩하게 지키고 있습니다. 이로써 하나님이 창조주이심을 믿음으로 고백하고, 그분의 주권을 인정하는 것입니다.

세상에서 다양한 일을 하며 분주하게 살지만, 주일만큼은 모든 것을 잠시 내려놓고 하나님께 집중해야 합니다. 하나님이 우리를 위해 행하신 일들을 기억하고, 은혜에 감사하는 시간으로 삼아야 합니다.

둘째, 하던 일을 멈추어야 합니다.

하나님은 "엿새 동안은 힘써 네 모든 일을 행할 것이나 일곱째 날은 네 하나님 여호와의 안식일인즉 너나 네 아들이나 네 딸이나 네 남종이나 네 여종이나 네 가축이나 네 문안에 머무는 객이라도 아무 일도 하지 말라(9~10)."고 명하셨습니다. 하나님은 엿새 동안 세상을 창조하시고 일곱째 날에 쉬셨습니다.

우리도 주일에는 모든 일상의 일들을 멈추어야 합니다. 이 멈춤은 단순한 휴식이 아니라, 하나님께 모든 것을 맡기는 적극적인 의지입니다. 이날은 일상의 업무나 걱정에서 벗어나 하나님 안에서 참 평안을 누려야 합니다. 영적인 충전의 시간, 하나님과 깊은 교제를 나누는 시간이 되어야 합니다. 이렇게 하던 일을 멈추고 하나님을 예배할 때, 우리는 새로운 한 주를 시작할 힘과 지혜를 얻게 됩니다.

셋째, 하나님이 주신 복을 누려야 합니다.

김보경은 개성에서 짚신을 지어 파는 영세 상인이었습니다. 교인이면 주일을 범해서는 안 된다는 선교사의 말을 듣고는, 큰 수익을 낼 수 있는 장날임에도 주일성수를 위해 교회로 발걸음을 옮겼습니다. 이튿날 장날은 아니지만, 물건을 팔기 위해 나갔는데 장터가 텅 비어 있었습니다. 높은 사람이 지나간다며 순사들이 문을 닫게 하고 사람들을 돌려보낸 것입니다. 이 사실을 모른 김보경은 혼자 짐을 풀어놓고 손님을 기다렸습니다. 그러다가 경보가 해제되어 손님들이 몰려오는 바람에 그는 시세의 곱절로 짚신을 전부 팔 수 있었습니다. 김보경은 그 후에도 주일을 철저히 지키며 근면하게 일해서 큰 부자가 되었습니다. 주일을 온전히 지키는 사람에게 하나님이 하늘의 복과 땅의 기름진 복을 약속해 주십니다.

성도에게 주일성수는 매우 중요합니다. 이는 종교적 의무를 넘어, 하나님을 우선순위로 두는 행위입니다. 이로써 우리는 하나님과 깊은 교제를 나누고, 그분의 은혜와 사랑을 더 깊이 체험할 수 있습니다. 성도인 우리는 말씀대로 기억하고, 멈추고, 누림으로 주일을 거룩히 지켜서 그 힘으로 세상을 살아가야 합니다.

말씀 행하기

묵상 질문

1. 주일을 거룩하게 지키려면 어떻게 해야 합니까?
2. 주일을 지키기 위해 분주한 일을 멈춘 경험이 있다면 언제입니까?
3. 주일을 성수하여 어떤 복을 누렸습니까?

삶에 적용하기

주일을 거룩하게 보내고 한 주간 어떻게 살 것인지 나누고 실천해 봅시다.

중보 기도	**하나님 나라와 건강한 교회와 행복한 가정을 위해 기도합니다.** [나라와 민족, 담임목사와 교회, 선교사와 선교지, 속회원, 전도 대상 등 서로의 기도 제목을 나누고 함께 기도합니다.]
헌금/찬송	**338장 내 주를 가까이 하게 함은**
마침 기도	**주님의 기도** [서로를 축복하며 삶의 자리로 나아갑니다.]

한 주간의 삶 나누기

조용한 기도

찬송   268장 죄에서 자유를 얻게 함은

기도   맡은 이

오늘의 말씀   요한복음 8장 31~36절

암송할 말씀   진리를 알지니 진리가 너희를 자유롭게 하리라 (32)

말씀 나누기

하나님은 모든 사람을 사랑하여 외아들을 세상에 보내셨습니다. 하나님의 뜻은 예수님을 믿는 자가 멸망하지 않고 영생을 얻게 하려는 것이었습니다. 예수님은 아버지의 뜻을 따라 사람이 되셨고, 대속 제물로 십자가에서 죽으셨습니다. 모든 사람이 죄에서 자유를 얻을 수 있도록 생명까지 아낌없이 내어주셨습니다.

예수님이 주시는 자유를 얻으려면 어떻게 해야 합니까?

첫째, 말씀 안에 거해야 합니다.

예수님은 "너희가 내 말에 거하면 참으로 내 제자가 되고(31)."라고 말씀하셨습니다. 말씀 안에 거하는 것을 제자가 되는 조건으로 가르치신 것입니다. 말씀 안에 거한다는 것은 말씀이신 예수님 안에 사는 것을 의미합니다. 예수님의 제자는 그의 말씀을 믿음으로 받아 순종하며 따르는 삶을 통해 그 안에 거하게 됩니다. 십자가 대속으로 모든 죄의 결박을 푸신 예수님 안에 거하는 제자는 더 이상 죄의 종이 아닙니다. 그는 말씀 안에서 예수님이 주시는 자유를 얻고, 하나님의 아들이 누리는 자유를 함께 누릴 수 있습니다. 이 자유는 영과 혼과 육을 모두 자유롭게 하는 온전한 자유입니다. 우리는 예수님의 말씀을 믿음으로 받고 항상 순종하여 그분이 주시는 온전한 자유를 누려야 합니다.

둘째, 진리를 알아야 합니다.

예수님은 진리가 우리를 자유롭게 할 것이라고 가르치셨습니다. 그리고 자신이 바로 길이요 진리요 생명이라고 말씀하셨습니다(요 14:6). 예수님은 하나님의 뜻에 순종하여 구원을 이루는 길이 되셨고, 영원한 생명을 알게 하는 진리가 되셨습니다. 진리이신 예수님은 우리를 구원하시고 참 생명을 주시는 하나님의 아들이십니다. 하나님은 우리를 죄에서 자유롭게 하시려고 당신의 아들을 대속 제물로 내어주셨습니다.

진리를 알려면 우리를 위해 십자가에서 죽으신 예수님이 하나님의 아들이시요 그리스도라는 사실을 알고 믿어야 합니다. 아는 것과 믿는 것이 하나가 될 때 온전해집니다(엡 4:13). 진리이신 예수님을 알고 믿음으로 우리는 참 자유를 얻을 수 있습니다.

셋째, 믿음으로 행해야 합니다.

예수님은 "아들이 너희를 자유롭게 하면 너희가 참으로 자유로우리라(36)."고 가르치셨습니다. 참된 자유를 주실 수 있는 분은 하나님의 아들 예수님뿐입니다. 그를 믿는 사람은 믿음으로 행해야 합니다. 우리 역사에도 국운이 기울고 자유를 잃어갈 때 예수님을 믿고 행함으로 자유를 얻으려는 노력들이 있었습니다. 1896년 1월 1일 독실한 그리스도인이 되어 미국에서 귀국한 서재필은 우리나라의 독립과 자유를 위해 힘을 다했습니다.

1896년 4월 〈독립신문〉을 창간해 시민운동을 전개했고, 7월에는 '독립협회'를 조직했습니다. 다음 해 11월에는 독립정신을 고취하기 위해 '독립문'의 기초를 세웠습니다. 예수 그리스도를 믿은 서재필은 자유를 위해 믿음으로 행하는 삶을 살았습니다. 믿음으로 행하는 사람이 주님이 주시는 참자유를 누릴 수 있습니다.

예수님은 하나님의 자녀가 된 우리 모두에게 참된 자유를 주고자 하십니다. 이를 위해 우리에게 말씀 안에 거하고, 진리를 알고, 믿음으로 행하라고 명령하십니다. 우리가 주님의 명령을 따를 때, 진리이신 예수님은 죄와 사망에서뿐만 아니라 모든 억압에서 우리 모두를 온전히 자유롭게 하실 것입니다.

말씀 행하기

묵상 질문

1. 말씀 안에 거하기 위해 힘써야 할 일은 무엇입니까?
2. 진리이신 예수님을 더 잘 알기 위해 힘써야 할 것은 무엇입니까?
3. 우리가 믿음으로 행해야 할 일에는 무엇이 있습니까?

삶에 적용하기

예수님을 믿어 누리게 된 기쁨이 무엇인지 함께 나누고, 이 기쁨을 가까운 사람들에게 전해 봅시다.

중보 기도　　하나님 나라와 건강한 교회와 행복한 가정을 위해 기도합니다.
[나라와 민족, 담임목사와 교회, 선교사와 선교지, 속회원, 전도 대상 등 서로의 기도 제목을 나누고 함께 기도합니다.]

헌금/찬송　　288장 예수를 나의 구주 삼고

마침 기도　　주님의 기도 [서로를 축복하며 삶의 자리로 나아갑니다.]

일어나 기도하라

한 주간의 삶 나누기

조용한 기도

찬송	364장 내 기도하는 그 시간
기도	맡은 이
오늘의 말씀	누가복음 22장 39~46절
암송할 말씀	이르시되 어찌하여 자느냐 시험에 들지 않게 일어나 기도하라 (46)

말씀 나누기

예수님은 감람산에서 하나님과의 영적 교제를 위해 기도하셨습니다. 제자들에게도 유혹에 빠지지 않게 기도하라고 당부하셨지만, 그들은 잠들고 말았습니다. 예수님은 제자들을 책망하시며, 시험에 들지 않게 일어나 기도하라고 말씀하셨습니다. 예수님은 제자들에게 친히 기도의 모범을 보여 주셨습니다.

예수님은 어떻게 기도하셨습니까?

첫째, 습관을 따라 기도하셨습니다.

예수님의 기도 생활은 습관을 따른 일이었습니다. '습관을 따라'라는 말은 '늘 하던 대로'라는 뜻입니다. 습관은 삶의 자연스러운 일부분이기에 습관처럼 쉬운 일이 없습니다. 예수님의 경건 생활의 핵심은 습관을 따라 하시는 기도였습니다. 예수님은 기도로 사탄의 유혹을 물리치셨고, 그 많은 사역을 감당하셨습니다. 그래서 제자들에게도 유혹에 빠지지 않도록 기도하라고 당부하신 것입니다. 그러나 제자들은 잠들어 결국 예수님이 잡히시던 날 밤에 주님을 배반하는 실패를 경험하고 말았습니다.

시험과 유혹을 이기기 위해서는 깨어 기도해야 합니다. 기도는 영혼의 호흡입니다. 숨쉬기는 따로 훈련이 필요하지 않습니다. 억지로 하는 것이 아니라, 자연스러운 생존 본능입니다. 우리도 몸에 밴 습관처럼 기도할 수 있어야 합니다.

둘째, 아버지의 뜻이 이루어지길 기도하셨습니다.

예수님은 십자가를 지시기 전에 "내 원대로 마시옵고 아버지의 원대로 되기를 원하나이다(42)."라고 기도하셨습니다. 예수님은 자기 뜻이 아니라, 아버지의 뜻을 위해 기도하셨습니다. 제자들에게도 날마다 아버지의 뜻이 이 땅에 이루어지도록 기도하라고 하셨습니다.

우리의 신앙생활은 하나님의 뜻을 구하고 그 뜻을 이루는 것입니다. 하나님은 우리 앞에 놓인 모든 일을 아시고 가장 선하게 계획하시는 분이기에, 그분이 인도하시는 길이 가장 좋은 길입니다. 그러므로 우리는 하나님의 뜻을 위해 내 생각과 계획을 내려놓아야 합니다. 예수님을 따르려는 자는 자기를 부인하고 자기 십자가를 지고 따르는 결단이 필요합니다. 우리도 나의 뜻을 내려놓고, 먼저 하나님의 나라와 그의 의를 구하는 기도를 드려야 합니다.

셋째, 힘쓰고 애쓰고 더욱 간절히 기도하셨습니다.

예수님은 땀이 핏방울같이 되어 땅에 떨어지도록 힘쓰고 애써 기도하셨습니다. 이른 아침에 한적한 곳으로 가서 혼자서 간절히 기도하셨습니다(막 1:35). 예수님은 늘 기도하셨고, 기도가 사역의 원동력이 되었습니다.

초기 한국교회의 자랑할 만한 아름다운 전통이 있습니다. 하루의 시작을 거룩하게 구별하여 드리는 새벽 기도입니다. 또한 성도가 함께 모여 마음을 합해 간절히 "주여!" 하고 부르짖는 통성 기도의 전통도 있습니다. 통성 기도는 1907년 대부흥 운동 때 시작되었습니다. 한국교회가 여기까지 온 것은 신앙 선배들의 기도가 있었기 때문입니다. 이 유산을 잘 이어받아 우리도 후대에 물려주어야 합니다.

하나님의 아들이신 예수님도 아버지의 뜻을 이루기 위해 습관에 따라 기도하셨습니다. 하나님의 뜻을 찾고 구하는 사람이 영적 분별력을 얻습니다. 교회도 마찬가지입니다. 성도 모두가 한마음으로 하나님의 뜻을 구할 때 하나님의 능력을 경험하고 영적으로 건강한 공동체가 될 수 있습니다.

말씀 행하기

묵상 질문
1. 경건한 습관을 갖기 위해 잊지 않고 하는 일은 무엇입니까?
2. 최근 어떤 일에서 하나님의 뜻을 구하며 찾고 있습니까?
3. 가장 간절하게 간구한 기도 제목은 무엇입니까?

삶에 적용하기
새벽 기도회에 참석해서 합심 기도와 통성 기도를 실천하고, 새롭게 경험한 은혜를 나누어 봅시다.

중보 기도 　하나님 나라와 건강한 교회와 행복한 가정을 위해 기도합니다.
[나라와 민족, 담임목사와 교회, 선교사와 선교지, 속회원, 전도 대상 등 서로의 기도 제목을 나누고 함께 기도합니다.]

헌금/찬송 　361장 기도하는 이 시간

마침 기도 　주님의 기도 [서로를 축복하며 삶의 자리로 나아갑니다.]

한 주간의 삶 나누기

조용한 기도

찬송	202장 하나님 아버지 주신 책은
기도	맡은 이
오늘의 말씀	디모데후서 3장 14~17절
암송할 말씀	모든 성경은 하나님의 감동으로 된 것으로 교훈과 책망과 바르게 함과 의로 교육하기에 유익하니 (16)

말씀 나누기

바울은 복음의 동역자인 디모데에게 배우고 확신한 일에 거하라고 권면했습니다. 모든 성경은 성령의 감동으로 기록된 하나님의 말씀입니다. 그래서 성경 말씀은 사람에게 교훈을 주고, 잘못을 깨닫게 하며, 올바르게 살도록 이끌어 줍니다. 그리스도인은 하나님의 뜻을 따라 살기 위해 성경을 읽고 배워야 합니다.

성경을 배우면 어떤 유익이 있습니까?

첫째, 구원에 이르는 지혜를 얻습니다.

하나님은 우리로 죄 사함과 구원을 받아 영생을 얻게 하려고 성경을 주셨습니다. 성경은 자기 백성을 구원할 그리스도가 오실 것을 예언하는데, 이는 예수님이 세상에 오셔서 성취되었습니다. 예언을 성취하신 예수님은 믿음을 통해 구원을 얻는 지혜를 주셨습니다. 믿음은 들을 때 생겨나고, 듣는 것은 그리스도의 말씀에서 비롯됩니다(롬 10:17).

하나님의 말씀인 성경은 거짓 교사의 어리석은 것과 속이는 것을 이기게 하고, 교훈과 책망과 바르게 함과 의로 교육하기에 유익하여 구원에 이르는 지혜를 줍니다. 이 지혜는 인간에게서 나오는 것이 아니기에, 세상의 모든 지혜보다 더 크고 깊습니다. 우리는 구원의 지혜를 얻기 위해 날마다 하나님 말씀인 성경을 가까이해야 합니다.

둘째, 하나님의 사람으로 온전하게 됩니다.

하나님의 사람은 성경을 알고 믿는 사람입니다. 더 나아가 하나님의 말씀을 가르치고 영적으로 지도하는 사람입니다. 성경은 그들을 온전하게 합니다. 온전하게 한다는 것은 성경을 가르치는 일에 완전하고 능력 있고 숙달되게 한다는 뜻입니다. 하나님의 사람은 성경을 배움으로 모든 선한 일을 할 준비를 온전히 갖추게 됩니다. 성경으로 철저히 교육받고 훈련된 사람은 모든 선한 일에 적합한 사람이 되어 가르칠 수 있습니다.

하나님의 사람은 지식 전달을 위해 말씀을 가르치지 않고, 말씀대로 살아가는 모습을 보여 주어야 합니다. 말씀대로 살아갈 때 말씀을 더 깊이 깨닫고 하나님의 사람으로 온전해집니다. 우리도 하나님의 말씀을 배우고 깨닫고 실천하여 온전한 그리스도인이 되어야 합니다.

셋째, 모든 선한 일을 할 능력을 갖추게 됩니다.

하나님의 능력은 말씀에서 나옵니다. 그 말씀이 우리 안에 있어야 합니다. 초기 한국교회의 사경회는 그야말로 성경 말씀만 집중해서 공부하는 자리였습니다. 성도들은 성경을 가르치는 교사 앞에서 말씀을 한 절 한 절 읽으며 배워 나갔습니다. 그중에서도 가장 기본이 성경 암송이었습니다. 사회자의 인도에 따라 읽으면서 중요한 구절은 외울 때까지 반복했습니다. 선교사들은 한국교회의 이런 문화를 경이롭게 바라보고 감탄했습니다. 성경을 외우는 방법도 기발했습니다. 한 절을 외운 다음 이웃을 찾아가 그 말씀대로 실천했습니다. 그러면 더 잘 외워졌습니다. 외우기 위해 실천했고, 실천하기 위해 외운 것입니다.

우리도 들은 말씀을 실천하여 주신 은혜를 누리는 선한 능력을 갖춘 성도가 되어야 합니다.

하나님의 말씀인 성경은 살아 있고 운동력이 있어 구원받은 사람들에게 능력을 나타냅니다. 그 능력은 나와 주변 사람들을 유익하게 합니다. 그러므로 우리는 말씀을 듣고 읽고 쓰고 배우고 암송하고 실천하여 하나님의 선한 뜻을 이루는 온전한 하나님의 사람이 되어야 합니다.

말씀 행하기

묵상 질문
1. 전도하며 인용할 수 있는 성경 구절에는 어떤 것들이 있습니까?
2. 나를 변화시킨 성경 구절은 무엇입니까?
3. 올해 내게 주신 성경 구절은 무엇입니까?

삶에 적용하기
암송하고 있는 성경 말씀을 일상생활에서 어떻게 실천할 수 있을지
나누어 봅시다.

중보 기도   **하나님 나라와 건강한 교회와 행복한 가정을 위해 기도합니다.**
[나라와 민족, 담임목사와 교회, 선교사와 선교지, 속회원, 전도 대상 등 서로의 기도 제목을 나누고 함께 기도합니다.]

헌금/찬송   **204장 주의 말씀 듣고서**

마침 기도   **주님의 기도** [서로를 축복하며 삶의 자리로 나아갑니다.]

한 주간의 삶 나누기

조용한 기도

찬송	406장 곤한 내 영혼 편히 쉴 곳과
기도	맡은 이
오늘의 말씀	누가복음 19장 41~44절
암송할 말씀	이르시되 너도 오늘 평화에 관한 일을 알았더라면 좋을 뻔 하였거니와 지금 네 눈에 숨겨졌도다 (42)

말씀 나누기

예수님이 나귀를 타고 예루살렘에 입성하실 때, 수많은 무리가 자기 겉옷을 길에 펴고 큰 소리로 호산나를 외치며 환영했습니다. 그들은 예수님이 로마의 억압에서 자신들을 해방시켜 평화를 가져다줄 분이라고 여겼기 때문입니다. 그러나 예수님은 성을 보며 우셨습니다. 사람들이 진정한 평화를 알지 못했기 때문입니다.

예수님이 말씀하신 평화는 어떻게 해야 이루어집니까?

첫째, 안타까운 마음을 가져야 합니다.

예수님이 예루살렘에 입성하실 때 제자들과 무리가 "주의 이름으로 오시는 왕이여 하늘에는 평화요 가장 높은 곳에는 영광이로다(38)."라며 찬양

했습니다. 그러나 예수님은 예루살렘에 가까이 이르러 성을 보고 우셨습니다. 이스라엘 백성은 참된 평화를 알지 못했고, 예수님은 그들이 원수들에게 당할 심판을 아셨기 때문입니다. 예수님은 하나님과의 평화를 이루기 위해 이 땅에 오셨지만, 이스라엘 백성은 세상에서 누리는 평화만을 원했습니다. 예수님은 이스라엘 백성이 하나님과 함께 누릴 영원한 평화를 받아들이지 않는 것을 보며 슬퍼하셨습니다.

예루살렘 성을 보고 우신 예수님의 마음이 우리에게도 있어야 합니다. 하나님과 세상 사이에 참된 평화가 없음을 안타까워하는 마음이 우리에게 있을 때, 이 땅에 진정한 평화의 소망이 있습니다.

둘째, 평화는 하나님께서 주시는 것임을 알아야 합니다.

예수님은 날이 이르면 이스라엘의 원수들이 토성을 쌓고 사면으로 가두어 돌 하나도 돌 위에 남기지 않는 심판을 경험할 것이라고 말씀하셨습니다. 왕이신 하나님께서 보살펴 주심을 알지 못하고 자신들의 뜻대로 살아가면, 심판을 당하고 평화를 잃어버리게 된다는 말씀이었습니다. 역사적으로 이스라엘 백성이 하나님을 왕으로 인정하고 그분의 보살핌을 구할 때는 평화를 누렸습니다. 그런데 하나님이 평화의 도구로 보내 주신 예수님을 깨닫지 못하고 부인했기에 심판을 받게 된 것입니다.

진정한 평화는 오직 하나님께로부터 옵니다. 그러므로 하나님 안에 참된 평화가 있음을 깨닫고 그분의 보살핌을 간절히 구해야 합니다.

셋째, 하나님이 주시는 평화를 간절히 구해야 합니다.

1904년 일어난 러일전쟁으로 원산 앞바다는 러시아와 일본의 격전장이 되었습니다. 전쟁에서 승리한 일본은 조선 침략을 본격 추진하여 1905년 11월 을사늑약을 체결했습니다. 조선인들을 보호한다는 명목하에 국권의 상징인 외교권과 자유를 빼앗은 것입니다. 이를 반대하는 시위가 전국에서 일어났고, 이화학당에서는 가을학기 내내 나라를 위해 눈물로 기도하는 구국기도회가 열렸습니다. 상동교회 엡윗 청년들은 한 주간 초교파적인 전국

구국기도회를 열어 나라의 평화와 주권 회복을 위해 하나님께 눈물로 기도했습니다. 이 물결은 점점 번져 나가 전국의 기독교인들이 날마다 기도로 동참했습니다. 나라와 민족의 평화를 구한 선조들의 간절한 기도는 참된 평화를 주시는 하나님의 은혜로 열매 맺었습니다.

나라와 민족의 평화는 먼저 하나님과의 평화를 이룰 때 가능함을 기억해야 합니다. 예수님께서 예루살렘에 평화가 없음을 알고 우신 것처럼, 우리도 하나님과의 평화가 우선임을 깨닫고 눈물로 하나님의 보살핌을 구해야 합니다. 진정한 평화는 하나님 안에 있습니다.

묵상 질문
1. 평화를 잃어버려서 안타까워했던 경험이 있다면 언제입니까?
2. 하나님께 간구해서 평화를 되찾은 경험이 있습니까?
3. 평화를 위해 어떤 내용의 기도를 했습니까?

삶에 적용하기
나라와 민족의 평화를 위한 기도 제목을 나누고 실천해 봅시다.

중보 기도　　하나님 나라와 건강한 교회와 행복한 가정을 위해 기도합니다.
[나라와 민족, 담임목사와 교회, 선교사와 선교지, 속회원, 전도 대상 등 서로의 기도 제목을 나누고 함께 기도합니다.]

헌금/찬송　　408장 나 어느 곳에 있든지

마침 기도　　주님의 기도 [서로를 축복하며 삶의 자리로 나아갑니다.]

한 주간의 삶 나누기

조용한 기도

찬송　　　　　337장 내 모든 시험 무거운 짐을

기도　　　　　맡은 이

오늘의 말씀　　베드로전서 3장 13~17절

암송할 말씀　　의를 위하여 고난을 받으면 복 있는 자니 그들이 두려워하는 것을 두려워하지 말며 근심하지 말고 (14)

말씀 나누기

베드로전서는 고난받는 성도를 향한 위로의 말씀으로 가득 차 있습니다. 베드로는 믿는 성도들에게도 다양한 시험이 있다고 가르쳐 주었습니다. 불로 연단받는 시험과 부당하게 당하는 시험, 의를 위하여 당하는 고난도 있다고 했습니다.

의를 위하여 고난을 받을 때 어떻게 해야 합니까?

첫째, 두려워하지 말아야 합니다.

살다 보면 의를 위해 선한 일을 하는데도 욕을 먹고 비난받는 경우가 있습니다. 이렇게 억울한 고난을 받을 때도 우리는 예수님을 나의 주님으로 모시고 원망하거나 불평하지 말아야 합니다. 선한 양심을 가져야 합니다.

또 뜻밖의 고난을 당할 때, 두려워하거나 근심하지 말아야 합니다. 고난 앞에서 두려워하게 되는 이유는 눈앞의 고난만 바라보고, 그 뒤에서 지금도 살아 역사하시는 하나님을 잊어버리기 때문입니다.

하나님은 분명히 살아 계시고, 의를 위하여 고난받는 우리와 함께 계십니다. 우리도 알지 못하는 놀라운 계획을 갖고 함께하십니다. 고난 중에도 믿음으로 두려워하지 않으면, 하나님은 우리가 당하는 고난마저 합력하여 선을 이루게 하십니다.

둘째, 하나님의 뜻임을 알아야 합니다.

베드로는 우리가 선을 행하는데도 고난받는 것은 하나님의 뜻이라고 일러 주었습니다. 고난은 죄의 결과로 당하게 되지만, 선한 일을 행함으로 당하는 고난도 있습니다. 그리스도인은 선한 일을 행할 때 고난당할 수 있음을 알아야 합니다. 예수님도 안식일에 병자를 고쳐 주시고 가난한 자를 먹이신 일 때문에 고난을 당하셨습니다.

어그러지고 거스르는 세상에 사는 우리는 선을 행함으로 고난당하는 것을 두려워하지 말아야 합니다. 고난 중에 선한 씨앗을 심으면 선한 열매를 맺습니다. 그러므로 선을 행하며 당하는 고난에 낙심하거나 원망하지 말고, 때가 되면 복된 열매를 맺을 것을 믿어야 합니다.

셋째, 복이 있음을 알아야 합니다.

씨를 심으면 그에 합당한 열매를 거두게 되듯이, 의를 위한 고난은 반드시 복이 있습니다. 강화 수비대장 출신 이동휘는 '강화의 바울'이라고 불린 사람입니다. 그는 일본의 민족 말살 정책에 맞서 민족 교육 운동과 민족 복음화에 힘쓰면서, 나라를 구하려면 예수를 믿어야 한다고 외쳤습니다. 또 기독교가 아니었다면 서로 사랑하는 마음도, 애국도, 독립운동도 없었을 것이라고 가르쳤습니다. 이 과정에서 이동휘 자신은 물론 온 가족이 수많은 어려움을 당했습니다. 그러나 그는 고난 중에도 복음 전도와 교육 운동을 멈추지 않았습니다.

의를 위해 고난받는 그리스도인들이 있었기에 우리나라가 복을 받았습니다. 의를 위해 고난받는 사람이 복 있는 사람입니다. 나 한 사람이 한 알의 밀알이 되어 땅에 심길 때 모두가 복을 받는다는 사실을 깨닫고 믿음으로 행해야 합니다.

누구나 인생에 고난이 있기 마련입니다. 고난이 항상 우리의 잘못 때문에 오는 것은 아닙니다. 선한 일을 행하고도 고난당할 때가 있습니다. 고난 중에 두려워하지 않고 하나님의 손길을 의지하는 사람이 복된 사람입니다. 선을 행하면서 낙심하지 않으면, 때가 이를 때 복을 거두게 됩니다.

묵상 질문
1. 고난 중에도 두려움을 이기는 방법에는 무엇이 있습니까?
2. 착한 일을 하고도 고난당했을 때 어떤 느낌이었습니까?
3. 고난 뒤에 받은 복에는 무엇이 있습니까?

삶에 적용하기
고난 중에도 낙심하지 않는 방법을 나누고 한 주간 실천해 봅시다.

중보 기도	**하나님 나라와 건강한 교회와 행복한 가정을 위해 기도합니다.** (나라와 민족, 담임목사와 교회, 선교사와 선교지, 속회원, 전도 대상 등 서로의 기도 제목을 나누고 함께 기도합니다.)
헌금/찬송	**342장 너 시험을 당해**
마침 기도	**주님의 기도** (서로를 축복하며 삶의 자리로 나아갑니다.)

한 주간의 삶 나누기	
조용한 기도	
찬송	508장 우리가 지금은 나그네 되어도
기도	맡은 이
오늘의 말씀	사도행전 1장 6~8절
암송할 말씀	오직 성령이 너희에게 임하시면 너희가 권능을 받고 예루살렘과 온 유대와 사마리아와 땅 끝까지 이르러 내 증인이 되리라 하시니라 (8)

말씀 나누기

부활하신 예수님은 승천하시기 전에 사도들에게 성령으로 세례를 받을 것이라고 말씀하셨습니다. 사도들은 이스라엘에게 나라를 되찾아 주실 때가 바로 지금이냐며 때를 물었습니다. 예수님은 회복의 시기는 그들이 생각하는 것과 다르다고 알려 주셨습니다.

회복의 시기에 대해 예수님은 무엇을 말씀하셨습니까?

첫째, 하나님 아버지의 권한으로 결정한다고 하셨습니다.

사도들은 예수 그리스도가 승천한 후에 성령으로 세례를 받으면 이스라엘 나라의 회복이 시작될 것이라고 생각했습니다. 마지막 날에는 이스라엘 나라가 회복되어 모든 나라를 다스릴 것이라는 예언이 있었기 때문입니다

(단 7:27). 하지만 예수님은 그날과 그 시간은 하나님 아버지의 권한이기에 너희가 알 바가 아니라고 단호하게 말씀하셨습니다. 이스라엘의 회복은 예수 그리스도가 우리 가운데 오심으로 이미 시작되었습니다(눅 17:20~21). 예수님은 그날과 그 시간에 집착하지 말고, 아버지께서 약속하신 것을 기다리라고 말씀하셨습니다.

하나님 아버지는 약속하신 것을 반드시 이루시는 분입니다. 그러므로 우리는 약속의 말씀을 붙잡고 주님이 다시 오실 날을 믿음으로 기다리며 살아야 합니다.

둘째, 먼저 성령이 임하고 권능을 받아야 한다고 하셨습니다.

사도들은 그 나라를 회복하실 분이 예수님이라고 생각했습니다. 하지만 예수님은 먼저 성령을 주겠다고 하셨습니다. 성령을 약속하신 것은 제자들을 고아같이 내버려두지 않겠다는 아버지 같은 마음이었습니다(요 14:18). 예수님은 성령을 받으면 제자들이 복음을 전할 능력을 받아 예루살렘과 온 유대와 사마리아와 땅끝까지 이르러 예수님의 증인이 될 것이라고 약속하셨습니다.

성령의 능력은 우리를 죄와 사망의 법에서 벗어나 생명의 성령의 법으로 살 수 있게 인도합니다. 더 이상 정욕과 욕심을 따라 살지 않고, 하나님이 주신 사명을 따라 살아가게 합니다. 오늘도 주님은 우리가 성령을 받기를 원하십니다. 성령을 받아 하나님의 권능으로 예수님을 증거하며 살아가기를 기대하십니다.

셋째, 땅끝까지 이르러 증인의 사명을 다해야 한다고 하셨습니다.

한국교회에도 성령을 받아 증인의 사명을 감당한 이들이 많습니다. 상하이 임시정부 초대 의정원 원장을 지낸 손정도 목사는 과거시험을 보러 평양에 가던 길에 복음을 듣고 기독교인이 되었습니다. 그는 사도행전 1장 말씀을 읽다가 복음을 전하고 증인의 삶을 사는 것이 독립의 전제조건임을 믿게 되었습니다. 하나님만이 대한독립의 때를 아신다는 사실을 깨달았기 때문입니다. 그 후 목사로서, 부흥사로서, 중국 선교사로 자원하며 복음 전하는 사명을 다하던 그는 일제에 붙잡혀 심한 고문을 당했습니다. 그리고 결국 그 후유증으로 1931년 숨을 거두었습니다. 손정도 목사의 복음 전도의 열정과 민족운동을 위한 헌신은 한국교회의 자랑스러운 유산이 되었습니다.

모든 일의 결과는 하나님만이 아십니다. 우리는 그저 성령의 인도하심을 따라 순종의 삶을 살아야 합니다. 오늘도 살아 계신 성령님은 내 안에 거하시며 날마다 하나님 나라의 증인으로 살도록 우리를 인도하십니다. 그분과 함께 예수님이 다시 오시는 날까지 증인의 삶을 살아야 합니다.

묵상 질문

1. 내게 생명이 얼마 남지 않았다면 무엇을 하고 싶습니까?
2. 성령의 권능으로 나의 어떤 습관이 변화되었습니까?
3. 복음 전도를 위해 지금 실천하고 있는 일은 무엇입니까?

삶에 적용하기

성령의 권능을 받아서 마지막까지 해야 할 일이 무엇인지 나누고 실천해 봅시다.

중보 기도　　하나님 나라와 건강한 교회와 행복한 가정을 위해 기도합니다.

[나라와 민족, 담임목사와 교회, 선교사와 선교지, 속회원, 전도 대상 등 서로의 기도 제목을 나누고 함께 기도합니다.]

헌금/찬송　　490장 주여 지난 밤 내 꿈에

마침 기도　　주님의 기도 [서로를 축복하며 삶의 자리로 나아갑니다.]

한 주간의 삶 나누기

조용한 기도

찬송   430장 주와 같이 길 가는 것

기도   맡은 이

오늘의 말씀   누가복음 13장 31~33절

암송할 말씀   그러나 오늘과 내일과 모레는 내가 갈 길을 가야 하리니 선
            지자가 예루살렘 밖에서는 죽는 법이 없느니라 [33]

말씀 나누기

예수님은 예루살렘을 향해 가시면서, 구원의 좁은 문으로 갈 것과 이에 합당한 삶을 살 것을 말씀하셨습니다. 슬피 울며 이를 갈게 되는 비극적인 날을 맞이하지 않으려면 예수님의 길을 잘 따르라고 당부하셨습니다. 그러나 사람들은 예수님의 길을 따르기보다 자기의 길을 고집합니다.

예수님의 길을 따라가려면 어떻게 해야 합니까?

첫째, 핍박에 굴복하지 말아야 합니다.

예루살렘으로 가시는 예수님 앞에 바리새인들이 나아왔습니다. 그들은 예수님에게 헤롯이 죽이려고 한다는 사실을 알리면서 그곳에서 떠나기를 권했습니다. 하지만 그들의 위협에 예수님은 오히려 "너희는 가서 저 여우

에게 이르되 오늘과 내일은 내가 귀신을 쫓아내며 병을 고치다가 제삼일에는 완전하여지리라 하라(32)."고 하셨습니다. 여기서 여우는 헤롯을 의미합니다. 갈릴리와 베뢰아 지방을 다스리는 분봉왕이었던 헤롯은, 이복동생의 아내와 결혼한 부도덕한 왕이었습니다. 또한 이를 책망한 세례 요한을 죽인 악한 인물입니다. 그는 바리새인들을 사주하여 예수님을 위협하며 그분의 길을 방해했습니다. 예수님은 이러한 핍박에도 자신의 길을 계속해서 갈 것이라고 말씀하셨습니다. 우리도 예수님의 길을 따라갈 때 그 어떤 핍박이 다가와도 굴복하지 말아야 합니다.

둘째, 죽음도 각오해야 합니다.

예수님은 선지자가 예루살렘 밖에서는 죽는 법이 없다고 말씀하셨습니다. 이는 자신이 예루살렘에서 돌아가실 것을 말씀하신 것입니다. 예수님은 십자가 죽음을 이미 알고 계셨고, 그곳이 예루살렘인 것도 아셨습니다. 예루살렘을 향해 가는 길은 죽음을 의미했습니다. 그런데도 예수님은 그 길을 걸어가셨습니다.

예수님의 길을 따라가는 것은 죽음을 각오해야 하는 두려운 일입니다. 그러나 그 길에는 언제나 예수님이 함께하십니다. 수많은 순교자가 죽음의 두려움과 맞서며 예수님의 길을 따라갈 수 있었던 것은 예수님이 그들과 함께하셨기 때문입니다. 우리도 예수님이 나와 함께하심을 믿고 그 길을 따라가야 합니다.

셋째, 끝까지 사명을 감당해야 합니다.

한국교회 역사에는 죽음조차 두려워하지 않고 예수님의 길을 따른 이들이 많습니다. 상동교회 전덕기 목사도 그랬습니다. 그는 평생 가난하고 소외된 이들을 위해 목회했습니다. 그의 장례 때 시장 상인, 거지, 기생까지 나서서 상여꾼을 자처한 일화는 그의 일생이 어땠는지를 잘 보여 줍니다. 전덕기 목사는 일제의 침략으로 고난받는 민족의 현실을 간과하지 않고, 항일 투쟁 단체인 '신민회'를 창설하는 일에도 앞장섰습니다. 그러다가 일

제가 날조한 105인 사건에 연루돼 서대문 형무소에서 혹독한 고문을 받고
극심한 후유증에 시달렸습니다. 그는 병상에서 투병하면서도 목회의 사명
을 감당하다가 39세의 나이에 주님의 품에 안겼습니다. 우리도 주님이 부
르시는 그날까지 맡겨 주신 사명을 끝까지 감당해야 합니다.

주님의 길은 고난이 따르는 길입니다. 심지어 죽음도 각오해야 하는 길입
니다. 예수님은 "누구든지 나를 따라오려거든 자기를 부인하고 자기 십자
가를 지고 나를 따를 것이니라(마 16:24)."고 말씀하셨습니다. 그 길을 결단
한 사람은 영광의 주님을 다시 만나는 그날까지 믿음의 용기를 가지고 끝
까지 사명을 감당해야 합니다.

묵상 질문
1. 신앙생활을 하며 겪었던 고난이 있다면 무엇입니까?
2. 목숨을 걸었던 신앙 경험에는 무엇이 있습니까?
3. 내가 평생 감당해야 할 사명은 무엇입니까?

삶에 적용하기
주님이 가신 좁은 길, 사명의 길을 가기 위해 어떤 마음 자세를 가져야
할지 나누고 실천해 봅시다.

중보 기도　하나님 나라와 건강한 교회와 행복한 가정을 위해 기도합니다.
[나라와 민족, 담임목사와 교회, 선교사와 선교지, 속회원, 전도 대상
등 서로의 기도 제목을 나누고 함께 기도합니다.]

헌금/찬송　461장 십자가를 질 수 있나

마침 기도　주님의 기도 [서로를 축복하며 삶의 자리로 나아갑니다.]

한 주간의 삶 나누기

조용한 기도

찬송	95장 나의 기쁨 나의 소망 되시며
기도	맡은 이
오늘의 말씀	사도행전 8장 4~8절
암송할 말씀	그 흩어진 사람들이 두루 다니며 복음의 말씀을 전할새 [4]

말씀 나누기

스데반의 죽음 이후, 예루살렘의 초기 기독교인들은 본격적으로 유대 지도자들에게 박해를 받았습니다. 사울은 교회를 없애려고 집마다 들어가 남녀를 가리지 않고 믿는 자들을 전부 붙잡아 옥에 가두었습니다. 사도들 외에 다른 제자들은 유대인들의 박해를 피해 유대와 사마리아 지방으로 흩어졌습니다.

흩어진 사람들이 두루 다니며 행한 일은 무엇입니까?

첫째, 복음을 전했습니다.

박해를 피해 흩어진 제자들은 어디를 가든지 복음을 전했습니다. 자신이 경험한 예수 그리스도의 사랑과 구원의 기쁨을 다른 사람들에게 전하지 않을 수 없었습니다. 빌립은 사마리아 성으로 내려가 예수 그리스도를 전파했습니다. 오랫동안 유대인과 사마리아인은 서로를 적대시하고 있었습니다. 이러한 장벽을 뛰어넘어 빌립은 사마리아 사람들에게도 복음을 전했습니다.

복음은 인종과 문화, 사회적 장벽을 초월하여 전해져야 합니다. 복음에는 어떠한 차별도 없습니다. 유대인이나 이방인이나 모두에게 복음이 전파되어야 합니다. 그런데 여전히 우리 주변에는 복음을 듣지 못한 사람들이 많습니다. 그들에게 예수님의 사랑과 구원의 기쁜 소식을 전해야 합니다.

둘째, 표적을 행했습니다.

성령 충만한 빌립은 사마리아에서 복음을 전하며 하나님의 능력으로 많은 기적과 표적을 행했습니다. 더러운 귀신들이 크게 소리치며 쫓겨나가 많은 사람이 고침을 받고, 중풍병자와 걷지 못하는 사람들이 치유되는 기적이 일어났습니다. 기적과 표적을 목격한 사람들은 빌립의 말에 귀를 기울이기 시작했습니다. 그를 통해 하나님의 능력과 사랑을 직접 경험하고 복음을 받아들이는 데 큰 영향을 받았습니다.

하나님의 기적과 표적은 과거에만 있는 일이 아닙니다. 우리도 빌립처럼 복음을 전하며, 일상의 삶에 하나님의 능력이 나타나도록 성령 충만함을 구해야 합니다. 하나님이 오늘 내게 행하실 기적과 능력을 믿고 기도해야 합니다.

셋째, 큰 기쁨을 누렸습니다.

빌립의 사역으로 사마리아 성에 기쁨이 넘쳐났습니다. 복음은 종교적 가르침을 넘어 삶을 변화시키고, 새로운 소망과 기쁨을 주는 능력이 있습니다. 1902년 12월 22일 우리나라 최초로 이민이 시작되었습니다. 121명이 인천을 떠나 하와이로 이주했습니다. 그들 대부분은 강화, 수원, 해주, 평양 등지에서 온 기독교인이었습니다. 러일전쟁과 을사늑약으로 시국이 불안해지자 이민자는 1905년 4,892명으로 늘었습니다. 하와이 이민은 우리 민족의 아프고 쓰린 역사이지만, 그렇게 흩어진 이민자들은 곳곳에 기도처와 교회를 세우고 구원의 기쁨을 함께 누렸습니다. 그로 인해 이민 교회들도 성장했습니다. 그렇게 시간과 장소를 초월한 복음 전도는 많은 이들을 구원의 기쁨과 감격으로 초대했습니다.

예루살렘 교회 성도들은 극심한 박해로 뿔뿔이 흩어지고 말았습니다. 하지만 어디를 가든지 복음 전하는 사명을 멈추지 않았습니다. 구원받은 그리스도인에게는 복음을 전할 사명이 있습니다. 언제 어디서든 예수 그리스도의 사랑과 구원의 기쁨을 나누며, 하나님의 능력을 믿고 복음 전하는 삶을 살아야 합니다.

말씀 행하기

묵상 질문
1. 복음을 전하기 위해 어떤 노력을 하고 있습니까?
2. 하나님의 능력을 믿고 행한 일에는 어떤 것들이 있습니까?
3. 복음을 전하면서 어떤 기쁨을 경험했습니까?

삶에 적용하기
누구에게 어떻게 복음을 전할지 나누고 실천해 봅시다.

중보 기도　하나님 나라와 건강한 교회와 행복한 가정을 위해 기도합니다.
[나라와 민족, 담임목사와 교회, 선교사와 선교지, 속회원, 전도 대상 등 서로의 기도 제목을 나누고 함께 기도합니다.]

헌금/찬송　505장 온 세상 위하여

마침 기도　주님의 기도 [서로를 축복하며 삶의 자리로 나아갑니다.]

한 주간의 삶 나누기

한 주간의 삶 나누기	
조용한 기도	
찬송	500장 물 위에 생명줄 던지어라
기도	맡은 이
오늘의 말씀	베드로전서 2장 2~9절
암송할 말씀	너희도 산 돌 같이 신령한 집으로 세워지고 예수 그리스도로 말미암아 하나님이 기쁘게 받으실 신령한 제사를 드릴 거룩한 제사장이 될지니라 (5)

말씀 나누기

신령한 집은 하나님의 집이요, 예수님의 몸인 교회요, 또한 하나님의 나라입니다. 베드로는 우리 모두 신령한 집으로 세워져야 하는데, 그러려면 보배로운 산 돌이신 예수님께 나아가라고 했습니다. 신령한 집은 예수님을 모퉁잇돌로 삼아야 합니다. 예수님은 모퉁잇돌이 되셔서 신령한 집을 든든하게 세워 주십니다.

어떤 사람이 신령한 집으로 세워집니까?

첫째, 말씀을 사모하는 사람입니다.

베드로는 산 돌이신 예수님처럼 우리도 신령한 집으로 세워져야 한다고 했습니다. 하나님의 집으로 거룩하게 세워지는 사람들은 갓난아기처럼 순전한 마음으로 신령한 말씀을 사모합니다. 갓 태어난 아기는 어머니의 순전한 젖을 통해 영양을 공급받습니다. 어머니의 젖을 먹지 못하면 생존하지 못합니다. 성도는 하나님의 말씀을 영적인 젖으로 삼아 신령한 생명을 공급받습니다. 예수님은 말씀을 양식 삼는 사람들을 구원에 이르도록 자라게 하십니다.

하나님의 말씀을 사모하는 사람이 신령한 집으로 세워집니다. 산 돌같이 신령한 집으로 세워진다는 것은 그리스도를 닮은 사람으로 세워지는 것을 의미합니다. 우리도 말씀을 사모하여 거룩하고 아름다운 주님의 집으로 세워져야 합니다.

둘째, 예수님께 나아가 연합하는 사람입니다.

베드로는 예수님이 사람들에게는 버림을 받았지만, 하나님께는 택하심을 받은 보배롭고 존귀한 '산 돌'이라고 증언했습니다. 하나님은 산 돌이신 예수님을 교회의 머리요, 모퉁잇돌이 되게 하셨습니다. 모퉁잇돌은 건물의 벽을 지탱해 주는 큰 주춧돌로서, 건물에서 가장 중요한 기초 역할을 합니다. 베드로는 그리스도인들을 향해 보배로운 산 돌이신 예수님께 나아가라고 하면서, 그를 믿는 자는 부끄러움을 당하지 않는다고 가르쳤습니다.

예수님께 나아가는 사람은 주의 인자하심을 맛보아 알게 되고, 예수님의 생명을 끊임없이 공급받아 산 돌이 됩니다. 예수님은 이런 사람들과 연합하여 신령한 집을 세워가십니다. 우리도 산 돌이신 예수님께 날마다 나아가 예수님과 연합하여 신령한 집으로 세워져야 합니다.

셋째, 거룩한 제사장으로 사는 사람입니다.

하나님의 택하심을 받아 거룩한 제사장으로 부름받은 그리스도인은 아름다운 덕을 선포하기 위해 구별된 사람입니다. 일제 강점기에 조선의 유학생들은 일본 땅에서 거룩한 제사장의 삶을 살았습니다. 러일전쟁 후 급증한 유학생들을 중심으로 성서 연구와 기도 모임이 생겨나면서, 영혼 구원과 세계 선교를 목표로 교회가 세워졌습니다. 이들은 동경에 최초의 한

인 교회인 '재일본동경조선예수교연합교회'를 설립했습니다. 한국감리교회와 한국장로교회가 연합한 이 교회는 국권 회복과 독립운동의 전초기지 역할을 감당했습니다.

제사장은 말씀을 강론하며, 백성의 신앙을 책임졌습니다. 백성의 죄를 마치 자기 죄인 것처럼 아파하며 하나님께 속죄를 위한 제사를 드렸습니다. 오늘도 그 사명을 충성스럽게 감당하는 사람이 신령한 집으로 세워집니다.

주님은 우리를 하나님의 집으로 세워지는 거룩한 사람으로 부르셨습니다. 그러므로 날마다 말씀을 사모하며, 모퉁잇돌이신 주님과 연합하여 그분의 일을 기쁨으로 감당해야 합니다. 그런 우리를 통해 하나님의 나라가 더욱 든든히 설 것입니다.

말씀 행하기

묵상 질문

1. 하나님의 어떤 말씀이 꿀처럼 달게 느껴졌습니까?
2. 예수님께 더 가까이 나아가기 위해 힘쓸 일은 무엇입니까?
3. 세상에서 내가 감당할 제사장의 사명은 무엇입니까?

삶에 적용하기

우리 교회 건축 때 세운 주춧돌을 찾아보고, 교회를 세운 선배들의 신앙 이야기를 나누어 봅시다.

중보 기도	**하나님 나라와 건강한 교회와 행복한 가정을 위해 기도합니다.** [나라와 민족, 담임목사와 교회, 선교사와 선교지, 속회원, 전도 대상 등 서로의 기도 제목을 나누고 함께 기도합니다.]
헌금/찬송	**502장 빛의 사자들이여**
마침 기도	**주님의 기도** [서로를 축복하며 삶의 자리로 나아갑니다.]

한 주간의 삶 나누기

조용한 기도

찬송　　　　　546장 주님 약속하신 말씀 위에 서

기도　　　　　맡은 이

오늘의 말씀　　빌립보서 1장 3~11절

암송할 말씀　　예수 그리스도로 말미암아 의의 열매가 가득하여 하나님의
　　　　　　　영광과 찬송이 되기를 원하노라 (11)

말씀 나누기

　하나님을 영화롭게 하고 찬양을 드리는 것은 그리스도인이 감당해야 할 최고의 사명입니다. 하나님은 영광 받으시기 위해 예수 그리스도를 이 땅에 보내셨고, 그를 믿는 성도들을 통해 열매 맺기를 원하십니다. 이 열매는 우리의 노력으로가 아니라, 하나님이 주시는 성령의 도움으로 맺는 의의 열매입니다.

의의 열매를 맺기 위해서는 어떻게 해야 합니까?

첫째, 복음을 위한 일에 참여해야 합니다.

　바울은 빌립보 교회가 복음을 위한 일, 곧 복음을 받아들이고 전하는 일에 동참하고 있기에 하나님께 감사한다고 했습니다. 그들은 처음부터 계속

해서 바울의 전도 사역에 물심양면으로 참여하고 있었습니다. 그것이 빌립보 교회가 칭찬받은 이유입니다. 복음을 위한 일이란 전도하는 일과 더불어 그리스도인의 교제와 소유물을 서로 나누는 일, 성령을 통한 영적 활동을 포함합니다. 전도는 믿음이 성장한 사람, 교육받고 훈련된 사람만 하는 것이 아닙니다. 복음을 받은 사람이면 누구나 감당해야 할 사명입니다. 우리도 맡겨진 자리에서 받은 은혜를 전하여 복음을 위한 일에 동참하는 성도가 되어야 합니다.

둘째, 예수 그리스도의 심장을 가져야 합니다.

바울은 빌립보 교인들에게 자신과 같이 그리스도의 심장을 가지라고 권면했습니다. 당시 사람들은 인체의 장기 중 가장 중요한 심장에 사람의 감정, 즉 애정, 근심, 긍휼, 사랑 등이 자리 잡고 있다고 생각했습니다. 예수 그리스도는 열정적이고 긍휼과 사랑이 가득한 심장을 가지셨습니다. 바울도 이 심장을 가지고 빌립보 교인들을 사랑했습니다. 예수 그리스도는 바울의 삶의 근원이요, 사랑의 중심이었습니다. 그리스도의 심장이 바울의 심장이 되었기에 그는 그리스도의 사랑으로 빌립보 교인들을 사랑할 수 있었습니다. 그리스도의 심장은 빌립보 교인들에게 의의 열매를 맺게 했습니다. 우리도 그리스도의 심장을 가져서 하나님이 기뻐하시는 의의 열매를 풍성하게 맺는 성도가 되어야겠습니다.

셋째, 기쁨과 감사로 협력해야 합니다.

북간도는 1909년 일본에 의해 두만강이 한·중 국경으로 확정되기 전까지는 우리 땅이었습니다. 그곳에 남감리회와 캐나다장로회가 교회를 세우고 복음을 전했습니다. 간도의 중심인 용정 북서쪽은 감리회가, 용정 시내와 동남쪽은 장로회가 담당했습니다. 이때 파송된 개척 전도인은 남감리회의 이화춘과 이응현, 캐나다장로회의 안순영이었습니다. 그런데 동일 지역에 같은 복음을 전하면서 교파로 나뉘어 교회를 운영하는 것에 비판이 생기자, 두 교파는 선교 지역 분할 협정을 맺었습니다. 강원도 북부 지역을 남감리회가 전담하고, 간도 지역을 캐나다장로회가 전담하기로 했습니다. 이 결정을 들은 남감리회의 이화춘과 이응현은 그동안 간도에서의 모든 사역을 뒤로하고 미련 없이 기쁨으로 돌아왔습니다. 복음이 전파되는 곳에는 언제나 기쁨과 감사의 연합이 있어야 합니다.

　바울은 하나님이 주신 마음으로 복음을 전했습니다. 하나님은 성도 안에 참된 구원의 일을 시작하시고, 열매를 맺게 하십니다. 그래서 그는 기쁨과 감사 가운데 열매를 맺고, 하나님께 영광과 찬송을 드릴 수 있습니다. 우리도 하나님이 주신 마음으로 복음을 전하여 의의 열매를 풍성히 맺는 삶을 살아야 합니다.

묵상 질문

1. 최근에 누군가에게 복음을 전한 경험이 있습니까?
2. 그리스도의 마음으로 어떤 일들을 행했습니까?
3. 기쁨으로 연합하고 협력한 일에는 무엇이 있습니까?

삶에 적용하기
그리스도의 마음으로 복음을 전해 열매 맺은 경험을 나누어 봅시다.

중보 기도	**하나님 나라와 건강한 교회와 행복한 가정을 위해 기도합니다.** (나라와 민족, 담임목사와 교회, 선교사와 선교지, 속회원, 전도 대상 등 서로의 기도 제목을 나누고 함께 기도합니다.)
헌금/찬송	**549장 내 주여 뜻대로**
마침 기도	**주님의 기도** (서로를 축복하며 삶의 자리로 나아갑니다.)

한 주간의 삶 나누기

조용한 기도

찬송　　　　336장 환난과 핍박 중에도

기도　　　　맡은 이

오늘의 말씀　베드로전서 4장 12~14절

암송할 말씀　사랑하는 자들아 너희를 연단하려고 오는 불 시험을 이상한 일 당하는 것 같이 이상히 여기지 말고 [12]

말씀 나누기

　베드로는 초대 교회 성도들이 겪게 될 박해를 예견했습니다. 그들이 박해 속에서 고통스러워하며 심히 흔들릴 것을 염려했습니다. 그래서 그들에게 다가올 불 시험에 어떻게 대비해야 할지를 가르쳐 주었습니다. 예수를 믿음으로 받는 고난은 괴롭지만, 고난 뒤에 하나님께서 주실 복과 은총을 기대하라고 당부했습니다.

예수를 믿어 고난받을 때 어떻게 해야 합니까?

첫째, 이상히 여기지 말아야 합니다.

　베드로는 박해와 불 시험이 와도 이상히 여기지 말라고 했습니다. 불 시험은 순금과 찌꺼기를 분리하고, 진짜와 가짜를 구분합니다. 그 시험을 믿음으로 잘 통과하면 하나님이 보시기에 합당한 성도가 됩니다.

고난은 성도의 삶을 정화합니다. 고난 속에서 신앙과 인격이 제련됩니다. 환난은 인내를, 인내는 연단을, 연단은 소망을 이루기 때문입니다. 하나님을 잘 믿고 교회에 열심히 다니는 사람들에게도 때로는 불 시험이 있을 수 있습니다. 그때 불평하거나 비판하지 말고, 자연스럽게 여기며 당황하지 말아야 합니다. 고난은 나의 한계를 겸손히 자각하여 하나님을 만나게 하는 통로입니다. 그러니 불 시험이 오면 이상히 여기지 말고 하나님의 지혜를 구해야 합니다.

둘째, 즐거워해야 합니다.

베드로는 의를 위한 고난이 '그리스도의 고난'에 참여하는 것이라고 했습니다. 의를 위한 고난은 예수를 구주로 믿는 것 때문에 겪게 되는 고난입니다. 베드로는 이것이 괴롭고 고통스럽지만, 그리스도의 고난에 동참하는 것이기에 즐거워할 일이라고 가르쳤습니다. 예수님도 당신 때문에 모욕을 당하고 박해를 받고 터무니없는 말로 온갖 비난을 받으면 기뻐하고 즐거워하라고 하셨습니다. 왜냐하면 그는 하늘에서 상이 크기 때문입니다(마 5:11~12). 성도의 고난은 훗날 그리스도와 더불어 영원한 하늘나라에서 영생을 누릴 때, 영원한 기쁨과 즐거움이 될 것입니다.

우리도 신앙생활을 하면서 받는 고난을 기쁨으로 받아들여 세상을 넉넉히 이기는 자가 되어야 합니다. 예수님께서 다시 오실 때 그 영광을 함께 누릴 것입니다.

셋째, 고난 뒤에 복이 있음을 믿어야 합니다.

105인 사건은 1912년 6월 민족 운동가 123명이 데라우치 총독 암살 미수 혐의로 재판에 회부되어 3개월 만에 105명이 유죄 판결을 받은 사건입니다. 그런데 이는 민족 운동가들을 잡아들이기 위해 일본이 꾸민 음모였습니다. 조작된 사건에서 증거라고는 피의자의 자백밖에 없었기에, 일제는 끔찍한 고문으로 자백을 받아내려 했습니다. 당시 중학생이던 선우훈은 고문으로 스러져 가면서 "이 피로한 육신을 벗고 저 하늘나라로 가고 싶습니다. 스데반처럼 내 영혼을 받으소서."라고 기도했습니다. 105인 사건은 기독교를 말살하려는 혹독한 박해였지만, 이 일로 사람들은 한국교회를 민족의 십자가를 지는 종교로 인식하게 되었습니다. 그 결과 한국교회는 민족의 등불이요, 소망이 되었습니다.

고난이 '힘든 것'은 사실이지만, 결코 '나쁜 것'은 아닙니다. 오히려 고난은 우리를 더 강하게 하고, 더 큰 일을 감당할 힘을 기르게 합니다. 성경을 보면, 고난과 시험 없이 복을 받은 사람은 없습니다. 아무리 부족한 사람이라도 고난의 시험을 잘 이기면 길은 반드시 열립니다. 하나님께서 주시는 고난은 유익합니다.

묵상 질문
1. 고난을 지혜롭게 극복한 경험에는 어떤 것이 있습니까?
2. 고난이 왔을 때 기쁨으로 감당했던 적은 언제입니까?
3. 고난을 극복한 뒤 어떤 복을 받았습니까?

삶에 적용하기
고난을 극복하기 위해 어떤 노력들을 했는지 나누고 실천해 봅시다.

중보 기도	**하나님 나라와 건강한 교회와 행복한 가정을 위해 기도합니다.** [나라와 민족, 담임목사와 교회, 선교사와 선교지, 속회원, 전도 대상 등 서로의 기도 제목을 나누고 함께 기도합니다.]
헌금/찬송	**341장 십자가를 내가 지고**
마침 기도	**주님의 기도** [서로를 축복하며 삶의 자리로 나아갑니다.]

이 죄를 그들에게 돌리지 마옵소서

한 주간의 삶 나누기	
조용한 기도	
찬송	279장 인애하신 구세주여
기도	맡은 이
오늘의 말씀	사도행전 7장 54~60절
암송할 말씀	무릎을 꿇고 크게 불러 이르되 주여 이 죄를 그들에게 돌리지 마옵소서 이 말을 하고 자니라 (60)

말씀 나누기

오순절 성령 강림 이후 초대 교회는 성령 충만한 가운데 나날이 부흥했습니다. 구원받는 자들이 날마다 더하자 교회는 성령과 지혜가 충만하고 칭찬받는 사람 일곱을 택해 사도들을 도와 교회를 섬기게 했습니다. 스데반도 그중 한 사람이었습니다. 그는 복음을 전하다가 유대인들에게 죽임을 당해 초대 교회 첫 번째 순교자가 되었습니다.

순교자에게 주어지는 은혜는 무엇입니까?

첫째, 하늘이 열리는 것을 보게 됩니다.

스데반이 복음을 전했을 때 유대인들은 격분하며 이를 갈았습니다. 그들은 회개하는 대신 스데반을 죽이려는 마음을 품었습니다. 이때 스데반은 성령 충만하여 하늘이 열리고 하나님의 영광과 예수님이 하나님 우편에 서신 것을 보았습니다. 예수님이 앉아 계시지 않고 일어서 계신 것은 스데반이 순교하는 긴박한 상황을 보고 계심을 의미하는 표현입니다. 하늘이 열린 것을 목격한 스데반은 더욱 담대히 예수님을 증언했고, 결국 분노한 유대인들의 돌에 맞아 순교했습니다.

하나님은 순교하는 스데반의 영의 눈을 열어 하늘이 열리는 것을 보게 하셨습니다. 우리도 순교자를 본받아 날마다 십자가에서 죽음으로 하늘이 열리는 것을 보며 살아야 합니다.

둘째, 예수님이 그 영혼을 받아 주십니다.

스데반은 죽어가면서 부르짖어 기도했습니다. 순교자의 마지막 기도는 자기 영혼을 주님께 의탁하는 것이었습니다. "주 예수여, 내 영혼을 받으시옵소서." 예수님이 십자가에서 죽임을 당할 때 자기 영혼을 하나님 아버지께 의탁하셨듯이, 스데반도 돌에 맞아 순교하면서 영혼을 예수님께 의탁했습니다.

복음을 전하다가 죽임을 당하는 순교자의 영혼은 예수님께서 책임져 주십니다. 이를 확증해 주시기 위해 하나님은 스데반에게 하늘이 열리는 것과 예수님이 서 계신 것을 보여 주셨습니다. 우리도 날마다 십자가에서 죽는 삶을 통해 우리 영혼을 주님께 맡겨야 합니다.

셋째, 용서하게 됩니다.

"주여, 이 죄를 그들에게 돌리지 마옵소서." 예수님이 십자가에서 자신을 못 박은 사람들을 용서하는 기도를 드리셨듯이, 스데반도 자기에게 돌을 던지는 사람들을 용서하는 기도를 드렸습니다. 초기 한국교회에도 순교자가 많았습니다. 대표적인 사건이 1919년 4월 15일 제암리교회에서 자행된 일본의 무자비한 학살입니다. 3·1운동의 영향으로 제암리에서 시위가 계속되자 일본 군인들은 15세 이상의 마을 남자들을 예배당에 모두 모은 다음 문을 잠그고 불을 질러 죽였습니다. 23명의 희생자 중에는 감리교인이 12명이나 되었습니다.

　절대로 잊지 말아야 할 비통하고 참혹한 역사이지만, 믿음을 가진 우리는 예수님과 스데반처럼 저들을 용서할 수 있어야 합니다. 용서는 우리에게 주신 하나님의 은혜입니다.

　복음을 전하다가 순교하는 것은 예수님이 십자가에서 우리 죄를 대속하기 위해 죽으신 것처럼 거룩하고 존귀한 일입니다. 하나님은 주님을 위해 죽은 순교자들에게 귀한 은혜를 베푸셨습니다. 스데반과 제암리에서 순교한 성도들은 그 은혜를 받았습니다. 그리고 오늘 우리에게도 동일한 은혜가 있습니다. 순교자의 정신을 이어받아 날마다 십자가에서 죽음으로 그 은혜 안에 살아야 합니다.

묵상 질문

1. 영의 눈이 열리는 은혜를 받으려면 어떻게 해야 합니까?
2. 만약 내가 순교를 당한다면 어떤 기도를 드리겠습니까?
3. 아직 용서하지 못한 일은 무엇입니까?

삶에 적용하기

순교자의 정신으로 살기 위해 무엇을 해야 하는지 나누고, 날마다
십자가에서 죽는 삶을 실천해 봅시다.

중보 기도	**하나님 나라와 건강한 교회와 행복한 가정을 위해 기도합니다.** [나라와 민족, 담임목사와 교회, 선교사와 선교지, 속회원, 전도 대상 등 서로의 기도 제목을 나누고 함께 기도합니다.]
헌금/찬송	**305장 나 같은 죄인 살리신**
마침 기도	**주님의 기도** [서로를 축복하며 삶의 자리로 나아갑니다.]

그리스도와 합하기 위하여 세례를 받은 자

한 주간의 삶 나누기

조용한 기도

찬송	273장 나 주를 멀리 떠났다
기도	맡은 이
오늘의 말씀	갈라디아서 3장 27~29절
암송할 말씀	누구든지 그리스도와 합하기 위하여 세례를 받은 자는 그리스도로 옷 입었느니라 (27)

말씀 나누기

바울은 구원받은 우리를 가리켜 '그리스도와 합하기 위하여 세례를 받은 자'라고 했습니다. 구원받았다는 것은 예수님과 함께 과거의 내가 죽고, 예수님과 함께 다시 살았음을 의미합니다. 거듭난 그리스도인은 죄에 대해 죽고, 예수 안에서 다시 살아난 사람입니다. 그리스도와 합하여 다시 살아난 사람은 삶이 달라야 합니다.

그리스도와 합한 자는 어떻게 살아야 합니까?

첫째, 그리스도로 옷 입어야 합니다.

바울은 그리스도와 합하기 위해 세례받은 자는 그리스도로 옷 입었다고 했습니다. 과거 로마 시대에는 신분에 따라 입는 옷이 달랐습니다. 귀족이 입는 옷과 군인이 입는 옷, 그리고 일반 시민이 입는 옷이 확연히 구분되었습니다. 옷은 신분의 다름을 보여 주었습니다. 이렇게 볼 때, 그리스도로 옷 입었다는 말씀은 신분이 달라졌다는 것으로, 죄의 종이었던 사람이 하나님의 자녀가 되었음을 의미합니다.

세례를 받아 예수님과 합한 사람은 새 신분, 새 인격, 새 운명이 시작됩니다. 예수님과 함께 죽고, 예수님과 함께 사는 것입니다. 이제는 예수님이 이끄시는 대로 살아야 합니다. 내 기분과 감정이 아니라, 예수님의 말씀대로 살아야 합니다. 그리스도로 옷 입은 사람은 예수님을 드러내야 합니다.

둘째, 약속의 유업을 이을 자로 살아야 합니다.

바울은 그리스도와 합하기 위하여 세례받은 자는 아브라함의 자손이요 약속대로 유업을 이을 자라고 했습니다. 그리스도와 합했다는 것은 그리스도에게 속했음을 말합니다. 그는 아브라함의 자손일 뿐 아니라, 하나님 나라의 상속자입니다. 왕자가 왕의 모든 부와 권력을 상속받는 것처럼, 그는 예수님 안에 있는 모든 지혜와 지식과 영생을 상속받습니다.

그리스도인은 예수님 안에 있는 모든 지혜와 지식을 가진 자답게, 세상의 욕심과 방법을 내려놓아야 합니다. 예수님의 온유와 겸손을 배우고 따라야 합니다. 약속의 유업을 이어받은 자답게, 땅의 소유에 집착하지 말고 나누고 베풀며 살아야 합니다.

셋째, 그리스도 안에서 모두 하나가 되어야 합니다.

바울은 유대인과 헬라인, 종과 자유자, 남자와 여자가 다 그리스도 안에서 하나라고 가르쳤습니다. 우리는 값없이 구원받았다는 점에서 모두 똑같습니다. 세례를 받아 예수님과 합한 우리는 그분 안에서 함께 하나님의 자녀가 되었습니다. 그러므로 인간의 잣대로 서로 구분하거나 나누어서는 안 됩니다. 서로의 부족함을 채워 더욱 든든히 서야 합니다. 3·1 운동 후 한국 교회 여성들은 뜻을 같이하여 독립운동에 나섰습니다. 남자들이 잡혀갔으니 이제 자신들이 나설 차례라며 평양과 서울에서 각각 애국 부인회를 결성

했습니다. 가락지와 비녀를 내놓고, 머리카락을 잘라 팔고, 뜨개질을 하여 쌀 한 가마니에 2원 정도 하던 시절에 2,400원이 넘는 큰돈을 모아 임시정부에 보냈습니다. 나라 사랑에는 남녀도, 교파도 따로 없었습니다.

그리스도와 합하여 거듭난 사람들은 한마음 한뜻이 되어야 합니다. 서로를 용납하여 온전히 하나를 이룰 때 하나님의 일을 감당할 수 있습니다.

사람은 어떤 옷을 입느냐에 따라 삶의 태도가 달라집니다. 우리는 모두 그리스도로 옷 입었습니다. 예수님과 합하여 예수님께 속했습니다. 그러므로 영생을 소유한 자답게 땅의 것 때문에 절망하지 않아야 합니다. 예수님께 속한 자답게 타인을 차별하지 않아야 합니다. 그리스도 안에서 하나 된 우리 공동체를 통해 그리스도가 세상에 밝히 드러날 것입니다.

묵상 질문
1. 그리스도로 옷 입은 사람다워지려면 어떻게 살아야 합니까?
2. 하나님 나라의 상속자답게 살기 위해 무엇에 힘써야 합니까?
3. 공동체 안에서 차별을 극복하여 어떤 은혜를 얻었습니까?

삶에 적용하기
그리스도로 옷 입은 사람답게 살기 위해 한 주간 노력하고, 그 느낌을 나누어 봅시다.

중보 기도	**하나님 나라와 건강한 교회와 행복한 가정을 위해 기도합니다.** [나라와 민족, 담임목사와 교회, 선교사와 선교지, 속회원, 전도 대상 등 서로의 기도 제목을 나누고 함께 기도합니다.]
헌금/찬송	**452장 내 모든 소원 기도의 제목**
마침 기도	**주님의 기도** [서로를 축복하며 삶의 자리로 나아갑니다.]

한 주간의 삶 나누기

조용한 기도

찬송　246장 나 가나안 땅 귀한 성에

기도　맡은 이

오늘의 말씀　갈라디아서 5장 16~24절

암송할 말씀　그리스도 예수의 사람들은 육체와 함께 그 정욕과 탐심을 십자가에 못 박았느니라 (24)

말씀 나누기

갈라디아 교회 안에 복음이 주는 자유를 왜곡해서 자기 멋대로 살아도 상관없다고 생각하는 사람들이 있었습니다. 바울은 그들에게, 주어진 자유를 육체의 욕망을 위해 사용하지 말고 서로 사랑하는 데 사용하라고 가르쳤습니다. 그리고 이를 위해 부름받은 사람들은 성령을 따라 행할 것을 권면했습니다.

성령을 따라 행하면 어떤 일이 일어납니까?

첫째, 육체의 소욕을 이길 수 있습니다.

육체의 소욕은 성령을 대적하여 성령이 원하는 것을 하지 못하게 합니다. 이기심을 따라 행하게 함으로 선을 방해합니다. 육체의 소욕을 따르는 음행과 더러운 것과 호색과 우상 숭배와 주술과 원수 맺는 것과 분쟁과 시기와 분냄과 당 짓는 것과 분열과 파당과 투기와 술 취함과 방탕은 우리 삶의 모든 영역을 파괴합니다. 바울은 이 모든 것을 경계해야 한다면서, 이런 일을 일삼는 자들은 하나님의 나라를 유업으로 받지 못할 것이라고 경고했습니다.

육체의 소욕을 이길 방법은 나 자신의 노력과 열심이 아닙니다. 믿음으로 성령을 따라 행할 때 우리는 육체의 소욕을 이길 수 있습니다.

둘째, 성령의 열매를 맺을 수 있습니다.

성령을 따라 살면 자연스럽게 성령의 일을 하게 됩니다. 마음이라는 밭에 성령의 씨를 심으면 성령의 열매를 맺는 것이 당연합니다. 바울은 성령의 열매가 사랑과 희락과 화평과 오래 참음과 자비와 양선과 충성과 온유와 절제라고 했습니다.

이 아홉 가지 열매는 죄에 빠진 우리를 구원하신 예수 그리스도가 보여 주신 성품입니다. 우리가 성령의 열매를 맺을 수 있는 것은 그리스도가 십자가에서 죽으심으로 우리 죄를 대속해 주시고, 우리 마음에 성령을 보내 주셨기 때문입니다. 성령을 따라 행하는 사람은 그리스도가 보여 주신 십자가 사랑을 실천하며 살아가고, 그렇게 사는 사람은 거룩한 성품을 갖게 됩니다. 우리도 성령을 따라 행함으로 변화된 삶을 살아 성령의 열매를 풍성히 맺어야 합니다.

셋째, 정욕과 탐심을 십자가에 못 박게 됩니다.

그리스도 예수의 사람은 육체와 함께 그 정욕과 탐심이 십자가에 못 박힌 사람입니다. 십자가 사랑으로 삶의 변화를 드러내며 사는 사람입니다. 1920~30년대 한국교회 사람들이 그랬습니다. 그들은 절제 운동으로 민족 정신을 일깨워 나라를 바로 세우기 위해 먼저 사회의 모범이 되고자 했습니다. 일제 강점기에 한국 사회는 술, 담배, 아편, 성매매 같은 퇴폐 문화의 폐해가 매우 심각했습니다. 이런 상황에서 한국교회는 금주, 금연, 아편 금지, 공창 폐지 등을 골자로 하는 절제 운동을 전개했습니다. 교회에 다니는 사람들부터 새로운 삶의 모범을 보여 주고자 한 것입니다.

우리는 입술로만이 아니라 실제 삶으로 예수님의 사랑을 드러내야 합니다. 사회적 책임을 다하는 모범을 먼저 보여야 합니다.

그리스도인은 예수 그리스도 안에서 자유를 위해 부름받은 자들입니다. 그러므로 정욕과 탐심을 버리고, 자유의 책임을 다해야 합니다. 이를 위해서는 성령을 따라 성령의 열매를 맺는 삶을 살아야 합니다. 성령의 일은 서로 사랑으로 섬기며 삶의 모범을 보여 주는 것입니다.

말씀 행하기

묵상 질문

1. 신앙생활을 시작하면서 끊어버린 습관은 무엇입니까?
2. 성령의 아홉 가지 열매 중에 내게 두드러진 성품은 무엇입니까?
3. 교회가 지역사회에서 행할 수 있는 봉사에는 무엇이 있습니까?

삶에 적용하기

성령을 따라 행하는 삶이 얼마나 기쁘고 감사한지를 나누고 실천해 봅시다.

중보 기도 하나님 나라와 건강한 교회와 행복한 가정을 위해 기도합니다.
[나라와 민족, 담임목사와 교회, 선교사와 선교지, 속회원, 전도 대상 등 서로의 기도 제목을 나누고 함께 기도합니다.]

헌금/찬송 191장 내가 매일 기쁘게

마침 기도 주님의 기도 [서로를 축복하며 삶의 자리로 나아갑니다.]

한 주간의 삶 나누기

조용한 기도

찬송 308장 내 평생 살아온 길

기도 맡은 이

오늘의 말씀 요한일서 4장 15~21절

암송할 말씀 하나님이 우리를 사랑하시는 사랑을 우리가 알고 믿었노니 하나님은 사랑이시라 사랑 안에 거하는 자는 하나님 안에 거하고 하나님도 그의 안에 거하시느니라 (16)

말씀 나누기

사랑은 기독교의 핵심 주제입니다. '사랑의 사도'라고 불리는 요한은 "하나님은 사랑이시라."라고 했습니다. 이것은 하나님이 우리를 사랑하시는 분일 뿐만 아니라, 그분 자신이 사랑임을 의미합니다. 요한은 사랑이신 하나님께 사랑을 받은 우리는 형제를 말과 혀로만이 아니라, 행함과 진실함으로 사랑해야 한다고 당부했습니다(요일 3:18).

서로 사랑하며 살아야 하는 이유는 무엇입니까?

첫째, 하나님이 먼저 사랑하셨기 때문입니다.

성경은 모든 사람이 죄를 지었기 때문에 하나님의 영광에 이를 수 없다고 했습니다(롬 3:23). 인간은 모두 죄인이기에 하나님을 향할 능력도 의지도 없습니다. 인간 스스로 하나님을 사랑하는 것은 불가능합니다. 이런 인간을 하나님이 긍휼히 여기셔서 독생자 예수 그리스도를 이 땅에 보내 주셨습니다. 그리고 십자가에 달려 죽게 하심으로 하나님과 인간 사이를 가로막은 죄를 속량해 주셨습니다.

성경은 우리가 아직 죄인이었을 때 그리스도께서 우리를 위해 죽으심으로 하나님께서 우리에 대한 자기의 사랑을 확증하셨다고 증언합니다(롬 5:8). 이처럼 하나님이 우리를 먼저 사랑하셨습니다. 이 놀라운 사랑을 받았기에 우리도 사랑하며 사는 것이 마땅합니다.

둘째, 하나님의 사랑을 알았기 때문입니다.

하나님의 사랑을 안다는 것은 단순히 지식적 정보를 통해 알게 되는 사랑을 의미하는 것이 아닙니다. 경험을 통해 알게 되는 사랑을 말합니다. 아내와 남편이 서로를 안다고 할 때처럼, 깊은 관계 속에서 서로를 경험하여 아는 것을 의미합니다. 요한은 하나님의 사랑을 경험하고 믿는다면, 그 사랑으로 서로 사랑해야 한다고 가르쳤습니다.

사람에게 최고의 기적은 삶에서 하나님의 사랑을 실제적으로 경험하는 것입니다. 그 사랑이 험한 세상에서 우리를 하나님께로 이끌어 갑니다. 어두운 세상에서 빛으로 인도합니다. 그러기에 하나님의 사랑을 경험하여 알고 믿는 사람은 모든 상황에서 서로 사랑하며 살 수 있습니다.

셋째, 형제 사랑의 계명을 받았기 때문입니다.

요한은 하나님을 사랑하는 사람은 형제자매를 사랑해야 하는 계명을 받았다고 했습니다. 한국교회에도 일평생 이웃을 자기 몸처럼 사랑하며 살아간 믿음의 사람들이 있습니다. 그중에 한 사람이 이용도 목사입니다. 그의 이웃 사랑 방식은 예수님과 하나 되는 것이었습니다. 예수님처럼 생각하고, 예수님처럼 사랑했습니다. 일제 강점기에 불같은 설교로 민족을 깨우던 그는 부흥회를 인도하고 받은 사례비 대부분을 지역 빈자들에게 나누어 주었습니다. 언제나 낮고 약한 자들의 친구가 되어 준 그의 집에는 늘 배고픈 자들이 가득했습니다. 이것이 그가 경험한 하나님의 사랑을 온몸으로 살아내는 방식이었습니다.

형제 사랑은 예수님이 이 땅에서 친히 몸으로 가르쳐 주신 계명입니다. 본이 되신 주님의 뒤를 따라 우리도 최선을 다해 사랑함으로 계명을 준행해야 합니다.

사람의 몸으로 이 땅에 오셔서 화목 제물이 되신 예수님의 사랑으로 우리는 모두 구원의 은혜를 입었습니다. 이것이 우리를 향한 하나님의 조건 없는 사랑입니다. 그 사랑은 지금도 변함이 없습니다. 이제 우리는 하나님의 사랑을 받은 자로서 그 사랑을 세상으로 흘려보내는 축복의 통로가 되어야 합니다.

묵상 질문

1. 일상에서 하나님의 사랑을 느끼고 확신했던 적은 언제입니까?
2. 먼저 사랑을 실천한 일에는 무엇이 있습니까?
3. 미웠던 사람을 말씀에 순종하여 사랑한 경험이 있습니까?

삶에 적용하기

교회 공동체 안에서 하나님의 사랑을 경험하는 방법을 나누고 실천해 봅시다.

중보 기도 하나님 나라와 건강한 교회와 행복한 가정을 위해 기도합니다.
[나라와 민족, 담임목사와 교회, 선교사와 선교지, 속회원, 전도 대상 등 서로의 기도 제목을 나누고 함께 기도합니다.]

헌금/찬송 317장 내 주 예수 주신 은혜

마침 기도 주님의 기도 [서로를 축복하며 삶의 자리로 나아갑니다.]

한 주간의 삶 나누기

조용한 기도

찬송　　　　89장 샤론의 꽃 예수

기도　　　　맡은 이

오늘의 말씀　고린도후서 2장 14~17절

암송할 말씀　우리는 구원 받는 자들에게나 망하는 자들에게나 하나님 앞
　　　　　　에서 그리스도의 향기니 (15)

말씀 나누기

바울은 우리를 그리스도 안에서 항상 승리하게 하시며, 어디서든 그리스도의 향기를 나타낼 수 있게 하신 하나님께 감사했습니다. 그리고 그리스도인들은 구원받은 자들에게나 구원받지 못한 자들에게나 그리스도의 향기가 되어야 한다고 가르쳤습니다. 이는 언제 어디서나 예수님의 사랑과 진리를 드러내야 함을 강조한 것입니다.

그리스도의 향기를 퍼트리려면 어떻게 해야 합니까?

첫째, 하나님께 감사해야 합니다.

바울은 우리로 하여금 모든 상황에서 이기게 하시고, 그리스도를 아는 냄새를 풍기게 하시는 분이 하나님이심을 믿고 감사했습니다. 그리스도인이

언제 어디서나 그리스도의 향기를 퍼트리려면 먼저 하나님께 감사하는 마음을 가져야 합니다. 감사는 우리 마음을 겸손하게 만들고, 하나님의 은혜를 인정하게 합니다. 그래서 감사하는 사람은 자신이 받은 은혜를 기억하며, 그 은혜를 다른 사람들에게 전하고자 하는 마음을 갖게 됩니다.

우리도 언제나 하나님께 받은 은혜에 감사하고, 그리스도의 승리를 믿으며 살아가야 합니다. 그럴 때 자연스럽게 그리스도의 향기를 퍼트릴 수 있습니다.

둘째, 구원을 확신해야 합니다.

바울은 구원받은 성도는 모두 하나님께 바치는 그리스도의 향기라고 강조했습니다. 이 향기는 구원받는 자들에게나 망하는 자들에게나 똑같이 풍겨 나갑니다. 하지만 사람에 따라 다르게 받아들여질 수 있습니다. 어떤 이들에게는 그리스도의 향기가 생명으로 인도하는 향기로 받아들여지지만, 다른 이들에게는 사망에 이르는 냄새로 인식될 수 있습니다. 그러나 우리는 이러한 반응과 관계없이, 내가 구원받았음을 확신하면서 그리스도의 향기를 퍼트리는 사명을 감당해야 합니다.

바울은 구원의 확신을 가지고 복음을 전하며, 사람들의 반응에 상관없이 사명을 충실히 수행했습니다. 우리도 그리스도의 향기를 세상에 퍼트리기 위해서는 내가 구원받았다는 확신을 가지고 복음 증거의 사명을 감당해야 합니다.

셋째, 순전함으로 전해야 합니다.

바울은 하나님 앞에서 일하는 사람으로서 순수하고 성실하게 복음을 전해야 한다고 했습니다. 찬송가 580장 '삼천리 반도 금수강산'을 지은 감리교회 장로 남궁억은 경술국치 이후 고향인 강원도 홍천군 서면 모곡리에서 교회와 학교를 세우고 민족운동을 전개했습니다. 또 눈에 쉽게 띄지 않는 산골짜기에 나라꽃인 무궁화 묘목을 재배하여 전국에 보급했습니다. 이 일로 체포되었다가 얼마 후 집행유예로 풀려났지만, 모진 고문의 후유증과 묘목밭이 쑥대밭이 된 것에 대한 상심으로 심신이 악화하여 1939년 4월 5일 숨을 거두었습니다. 해방 후 그가 소천한 4월 5일이 식목일로 지정되었습니다. 그의 순전한 마음은 훗날 무궁화 향기가 되어 전국에 퍼졌습니다. 우리도 순전한 마음으로 삼천리 반도 금수강산에 그리스도의 향기를 전해야 합니다.

그리스도의 향기가 되기 위해서는 먼저 하나님께 감사하는 마음을 가져야 합니다. 그분의 거저 주시는 은혜로 구원받았음을 깨닫고, 구원의 확신 속에서 두려움 없이 순전한 마음으로 복음을 전해야 합니다. 그럴 때 우리가 어디에 있든 바로 그곳이 그리스도의 향기로 가득해져서 세상이 그리스도를 알게 될 것입니다.

묵상 질문
1. 매일 하나님께 감사하는 것 세 가지는 무엇입니까?
2. 구원의 확신을 더하기 위해 어떤 것에 힘쓰고 있습니까?
3. 순전한 마음으로 복음을 전하기 위해 무엇을 해야 합니까?

삶에 적용하기
그리스도의 향기가 되기 위해 해야 할 일들을 나누고 실천해 봅시다.

중보 기도	**하나님 나라와 건강한 교회와 행복한 가정을 위해 기도합니다.**
	[나라와 민족, 담임목사와 교회, 선교사와 선교지, 속회원, 전도 대상 등 서로의 기도 제목을 나누고 함께 기도합니다.]
헌금/찬송	**580장 삼천리 반도 금수강산**
마침 기도	**주님의 기도** [서로를 축복하며 삶의 자리로 나아갑니다.]

한 주간의 삶 나누기

조용한 기도

찬송	324장 예수 나를 오라 하네
기도	맡은 이
오늘의 말씀	마가복음 7장 24~30절
암송할 말씀	여자가 대답하여 이르되 주여 옳소이다마는 상 아래 개들도 아이들이 먹던 부스러기를 먹나이다 (28)

말씀 나누기

예수님이 갈릴리에서 사역하시던 중에 제자들과 조용한 시간을 보내려고 이방 지역인 두로에 가셨습니다. 그곳에서 예수님을 찾아온 수로보니게 여인은 귀신 들린 딸을 고쳐 달라고 간청했습니다. 예수님은 여인의 간청을 물리치셨지만, 그는 포기하지 않고 끈질기게 구했습니다.

수로보니게 여인은 무엇을 어떻게 구했습니까?

첫째, 주의 자비를 구했습니다.

두로는 북쪽 국경 지역에 있는 이방인 마을이었습니다. 그곳에 더러운 귀신 들린 딸을 둔 한 여인이 있었습니다. 수로보니게 여인은 예수님의 소문을 듣고 찾아와 그 발아래 엎드려 주의 자비를 구했습니다. 그러나 예수님은 여인에게 "자녀의 떡을 취하여 개들에게 던짐이 마땅치 아니하니라 (27)."고 말씀하셨습니다. 이방인을 같은 사람이 아닌 짐승처럼 여긴 당시 유대인들의 편견을 드러내신 것입니다. 자존심이 상할 법한 일이지만, 여인은 포기하지 않았습니다. "주여 옳소이다마는 상 아래 개들도 아이들이 먹던 부스러기를 먹나이다(28)."라고 간절히 구했습니다.

여인은 자신이 은혜 받을 자격이 되지 않음을 인정하면서도, 주의 자비를 구했습니다. 이 여인처럼 겸손하게 자신을 낮추고 간절히 주님의 자비를 구하는 사람이 하나님의 은혜를 입을 수 있습니다.

둘째, 믿음으로 구했습니다.

수로보니게 여인에게는 예수님이 귀신 들린 자기 딸을 고쳐 주실 것이라는 믿음이 있었습니다. 예수님에 대한 소문만 들었을 뿐 실제로 한 번도 보지 못했는데도 굳게 믿었습니다. 그리고 예수님의 거절에도 불구하고 그 믿음을 포기하지 않았습니다(마 15:24). 예수님은 여인의 이런 믿음을 보시고 그의 딸을 고쳐 주셨습니다.

예수님은 보지 못하고 믿는 자들이 복되다고 말씀하셨습니다(요 20:29). 히브리서 기자도 믿음은 바라는 것들의 실상이요 보이지 않는 것들의 증거라고 했습니다(히 11:1). 예수님의 말씀을 듣고 순종할 때 믿음의 능력이 나타납니다. 우리도 수로보니게 여인처럼 예수님께서 싸매시고 고쳐 주실 것을 믿고 구해야 합니다.

셋째, 부스러기 같은 은혜를 구했습니다.

수로보니게 여인은 예수님께 부스러기 같은 은혜라도 간청했습니다. 부스러기는 하찮은 사람이나 물건을 비유적으로 이르는 말입니다. 19세기 말 봉건사회는 양반과 상민을 차별해서 구분하는 반상의 법도가 엄격했습니다. 그런 사회 분위기 속에서도 초기 감리교회는 사람을 차별하지 않는 신앙 유산이 있었습니다. 1919년 3·1 독립선언식을 거행한 장소인 태화(太華)관은 요릿집이었습니다. 그곳에 1921년 4월 4일 여성과 어린이를 위한 대한민국 최초의 사회복지기관인 '태화(泰和)여자관'이 개관했습니다. 마이어즈(M. D. Myers) 선교사는 태화라는 이름에 '하나님의 큰 평화'라는 뜻을 담아 남존여비 사상으로 소외당한 여성과 어린이를 위한 사업을 전개했습니다. 가장 낮고 소외된 사람들 편에 서는 것이 그리스도인의 사랑입니다.

수로보니게 여인의 믿음으로 그의 딸은 귀신에게서 자유를 얻었습니다. 인생의 문제를 해결해 주시는 분은 예수님입니다. 그분을 전적으로 믿는 사람이 해결의 은혜를 경험할 수 있습니다. 그러므로 우리는 언제나 문제보다 크신 예수님을 믿고 의지하며, 은혜를 주시는 주님을 더욱 사랑해야 합니다.

말씀 행하기

묵상 질문
1. 최근에 간절하게 기도하고 있는 제목은 무엇입니까?
2. 믿음으로 기도하여 응답받은 경험이 있습니까?
3. 부스러기 같은 은혜를 간구한 경험에는 무엇이 있습니까?

삶에 적용하기
가까운 보육원이나 양로원 또는 어려운 이웃을 찾아가 함께 시간을 보내며 예수님의 사랑을 전해 봅시다.

중보 기도	하나님 나라와 건강한 교회와 행복한 가정을 위해 기도합니다. [나라와 민족, 담임목사와 교회, 선교사와 선교지, 속회원, 전도 대상 등 서로의 기도 제목을 나누고 함께 기도합니다.]
헌금/찬송	471장 주여 나의 병든 몸을
마침 기도	주님의 기도 [서로를 축복하며 삶의 자리로 나아갑니다.]

사랑 안에서 연합하여

12 / **12**

조용한 기도	
찬송	293장 주의 사랑 비칠 때에
기도	맡은 이
오늘의 말씀	골로새서 2장 1~3절
암송할 말씀	이는 그들로 마음에 위안을 받고 사랑 안에서 연합하여 확실한 이해의 모든 풍성함과 하나님의 비밀인 그리스도를 깨닫게 하려 함이니 (2)

말씀 나누기

옥중서신의 하나인 골로새서는 그리스도와 교회의 올바른 관계를 다룹니다. 그리스도께서 교회의 머리이시요, 교회는 그리스도의 몸입니다(골 1:18). 교회는 그리스도와 하나 된 믿음 안에서 끊임없이 하나님과 교제하며, 사랑과 봉사와 섬김으로 연합하여 성장하고 성숙해 가야 합니다.

교회가 연합하기 위해서는 어떻게 해야 합니까?

첫째, 서로 사랑해야 합니다.

골로새 교회에 들어온 이단 교사들은 그리스도의 복음과 다른 사상을 전파했습니다. 이 일로 골로새 교인들의 마음에 적지 않은 우려와 동요가 일어났습니다. 이처럼 공동체가 흔들릴 때 가장 필요한 것은 서로를 사랑하는 것입니다. 이는 예수님이 주신 새 계명으로(요 13:34), 사도들은 성도들에게 마음으로 서로 뜨겁게 사랑하라고 권면했습니다(벧전 1:22).

사랑은 지체로서 각자의 역할을 하는 성도들을 하나로 묶어서, 교회를 하나 된 그리스도의 몸이 되게 합니다. 교회가 일치하고 연합하여 하나가 될 때, 어떠한 위기도 극복할 수 있고 부흥할 수 있습니다. 그러므로 우리는 서로 사랑하여 하나님이 기뻐하시는 아름다운 교회 공동체를 이루는 일에 최선을 다해야 합니다.

둘째, 하나님의 비밀을 깨달아야 합니다.

하나님의 아들이신 그리스도는 말씀이 육신이 되어 이 땅에 오셨습니다. 하나님은 그리스도를 통해 하나님 자신을 보여 주셨습니다. 말씀이신 그리스도 안에 하나님의 모든 것이 담겨 있었습니다. 우리 죄를 용서하시고 구원하시려는 계획이 말씀이신 그리스도 안에 있었습니다. 하나님은 이 계획을 그리스도를 통해 이루셨습니다. 그리고 그리스도의 구원 역사는 오늘도 교회를 통해 계속되고 있습니다.

하나님의 비밀은 그리스도이십니다. 교회는 그 비밀을 먼저 깨달아 알고, 세상을 향해 드러내고 전해야 합니다. 이것이 하나님이 그리스도를 이 땅에 보내시고 교회를 세우신 이유입니다. 우리는 하나님의 구원 계획과 우리 가운데 오신 그리스도의 비밀을 깨달아 한마음으로 그리스도의 몸인 교회를 세워나가야 합니다.

셋째, 서로의 상황을 이해해야 합니다.

초기 한국교회는 연합하여 해외에 교회를 세우기도 했습니다. 1890년부터 1900년 사이에 일본으로 건너가 유학하는 학생이 늘면서, 현지에 한인들을 위한 교회를 설립했습니다. 처음에는 주일예배에 참석하는 유학생 중에 장로교회 교인이 월등히 많아 장로교회가 주도하고 운영하는 교회가 세워졌습니다. 이후에 감리교인이 늘면서 별도로 감리교회를 세우려는 움직임이 있었습니다. 이런 상황에서 기독교 청년들은 민족끼리 교파를 나누어 교회를 세우는 것이 좋지 않다는 데 뜻을 같이하여 초교파 연합 한인 교회를 세우는 운동을 전개했습니다. 이 운동에 국내 교회들도 호응하여 '재일 본동경조선예수교연합교회'가 탄생하게 되었습니다. 그리스도의 몸인 교회가 하나가 되기 위해서는 각 지체의 상황을 이해하여 받아들이는 노력이 무엇보다 중요합니다.

그리스도는 육신을 입고 이 땅에 오셔서 하나의 복음을 전하셨습니다. 교회에는 다양한 교파가 존재하지만 하나 되고 연합하는 것은 성숙한 그리스도인의 모습이요, 온전한 교회의 모습입니다. 하나님의 사랑 안에서 서로 사랑하고 연합하여 그리스도의 장성한 분량에 이르는 교회와 성도가 되어야 합니다.

묵상 질문

1. 다른 성도 또는 교회와 사랑으로 연합했던 적은 언제입니까?
2. 우리를 향한 하나님의 계획 중에 깨달은 것은 무엇입니까?
3. 서로를 이해하기 위해 힘써야 할 것은 무엇입니까?

삶에 적용하기
하나 되기를 원하시는 하나님의 마음으로 교회가 연합하기 위해 해야 할 일을 나누고 실천해 봅시다.

중보 기도	**하나님 나라와 건강한 교회와 행복한 가정을 위해 기도합니다.** [나라와 민족, 담임목사와 교회, 선교사와 선교지, 속회원, 전도 대상 등 서로의 기도 제목을 나누고 함께 기도합니다.]
헌금/찬송	**309장 목마른 내 영혼**
마침 기도	**주님의 기도** [서로를 축복하며 삶의 자리로 나아갑니다.]

믿음으로 부르심을 받았을 때

한 주간의 삶 나누기	
조용한 기도	
찬송	242장 황무지가 장미꽃같이
기도	맡은 이
오늘의 말씀	히브리서 11장 8~10절
암송할 말씀	믿음으로 아브라함은 부르심을 받았을 때에 순종하여 장래의 유업으로 받을 땅에 나아갈새 갈 바를 알지 못하고 나아갔으며 (8)

말씀 나누기

히브리서 11장에는 부르심을 따라 살아간 믿음의 사람들이 가득합니다. 그들은 약속한 것을 아직 받지 못했음에도 하나님 말씀에 순종한 이들입니다. 믿음의 조상 아브라함도 그중에 한 사람입니다. 아브라함의 믿음은 고향과 친척과 아버지 집을 떠나는 것으로 시작되었습니다.

부르심을 받은 사람은 어떻게 살아야 합니까?

첫째, 하나님의 부르심에 순종하며 살아야 합니다.

하나님께서 아브라함에게 고향과 친척과 아버지 집을 떠나 하나님께서 보여 주실 땅으로 가라고 말씀하셨습니다. 아브라함은 부르심에 순종하여 장차 유업으로 받게 될 땅을 향해 길을 나섰습니다. 하지만 정작 어디로 가야 할지를 알지 못했습니다. 그에게는 어떠한 정보도 없었습니다. 당시 고향과 친척과 아버지 집을 떠나는 것은 지금껏 자신이 누리던 모든 것을 한꺼번에 포기하는 매우 두려운 일이었습니다. 그러나 아브라함은 오직 하나님 말씀에 순종해 미지의 땅으로 나아갔습니다.

아브라함이 하나님의 부르심에 순종할 수 있었던 것은 그분을 전적으로 믿었기 때문입니다. 그렇게 믿고 순종하는 아브라함을 하나님께서 전적으로 이끌어 주시고 책임져 주셨습니다. 우리도 하나님의 부르심에 순종하여 나아가면 하나님께서 책임져 주십니다.

둘째, 나그네와 같은 삶을 살아야 합니다.

믿음으로 아브라함은 약속의 땅에서 타국에 몸 붙여 사는 이방인처럼 살았고, 동일한 약속을 물려받은 이삭과 야곱과 함께 장막에서 살았습니다. 하나님이 약속하신 땅에서 나그네처럼 산 것입니다. 나그네와 같은 삶을 산다는 것은 구름기둥, 불기둥을 따라 이동했던 광야의 백성처럼, 오직 하나님의 인도하심을 따라 사는 것을 의미합니다. 물론 아브라함이 처음부터 온전히 나그네의 삶을 산 것은 아닙니다. 기근을 피하겠다고 약속의 땅을 떠나 애굽으로 내려가기도 하고, 아내를 누이라고 속이기까지 했습니다. 그러나 하나님은 그를 다시 세우셔서 본향을 찾는 나그네로 살게 하셨습니다.

우리도 이 땅에 잠시 머무는 나그네들입니다. 우리가 소망할 곳은 오직 하나님 나라임을 기억하며, 매 순간 하나님의 인도하심을 따르는 나그네 삶을 살아야겠습니다.

셋째, 약속의 땅을 바라며 살아야 합니다.

아브라함이 하나님의 부르심에 순종하며 나그네 삶을 산 것은 더 나은 본향을 사모했기 때문입니다. 우리나라에도 그런 믿음의 사람들이 있었습니다. 1910년 경술국치 후 함경남도 성진의 양진섭은 자기 집안 12가족 72명을 이끌고 동만주 화룡으로 건너가 마을과 교회를 세웠습니다. 마을 이름을 장은평(臧恩坪), 곧 '은총을 머금은 땅'이라고 지었습니다. 장은평에서 멀지 않은 곳에 있던 구세동(救世洞)은 '구세주를 믿는 마을' 또는 '세상을 구하는 마을'이라는 의미로, 함경북도 출신 이종식의 가족과 친척들이 만들었습니다. 장은평과 구세동 모두 더 나은 본향을 사모하며 세운 마을입니다.

우리는 영원한 천국을 약속받고 그곳을 향해 가는 사람들입니다. 그 소망이 확실할수록 오늘 어떻게 살아야 할지가 더 분명히 보입니다.

믿음의 사람은 하나님의 부르심에 순종하는 사람입니다. 그는 나그네와 같은 인생을 살아가기에 언제든지 떠날 준비가 되어 있습니다. 그를 움직이게 하는 것은 약속의 땅에 대한 소망입니다. 하나님께서 그를 본향에 이르는 그날까지 눈동자같이 지키실 것입니다.

말씀 행하기

묵상 질문
1. 하나님의 부르심에 전적으로 순종했던 일에는 어떤 것이 있습니까?
2. 이 땅에서 나그네로 살기 위해 내려놓을 것은 무엇입니까?
3. 하나님 나라를 위해 오늘 힘써야 할 것은 무엇입니까?

삶에 적용하기
우리 교회 이름의 뜻이나 역사에서 자랑할 만한 것들을 나누어 봅시다.

중보 기도	**하나님 나라와 건강한 교회와 행복한 가정을 위해 기도합니다.** [나라와 민족, 담임목사와 교회, 선교사와 선교지, 속회원, 전도 대상 등 서로의 기도 제목을 나누고 함께 기도합니다.]
헌금/찬송	**235장 보아라 즐거운 우리 집**
마침 기도	**주님의 기도** [서로를 축복하며 삶의 자리로 나아갑니다.]

독생하신 하나님이 나타내셨느니라

12 / **26** 성탄 주일

한 주간의 삶 나누기	
조용한 기도	
찬송	109장 고요한 밤 거룩한 밤
기도	맡은 이
오늘의 말씀	요한복음 1장 9~18절
암송할 말씀	본래 하나님을 본 사람이 없으되 아버지 품 속에 있는 독생하신 하나님이 나타내셨느니라 (18)

말씀 나누기

하나님이 태초에 세상을 창조하셨습니다. 하나님이 지으신 세상은 아름다웠습니다. 그러나 죄 때문에 하나님과 멀어진 인간은 죽을 수밖에 없는 존재가 되었습니다. 하나님은 인간을 구원하시기 위해 이 땅에 독생자 예수님을 보내 주셨습니다. 예수님을 구주로 믿는 자에게는 영원한 생명을 약속하셨습니다.

예수님은 우리에게 어떻게 오셨습니까?

첫째, 세상을 비추는 빛으로 오셨습니다.

요한은 예수님을 참 빛이라고 표현했습니다. 예수님은 어두운 세상의 모든 사람에게 빛으로 오셨습니다. 이 땅에 오신 예수님은 온 인류에게 진리와 소망의 빛을 비추셨습니다. 우리는 빛이신 예수님으로 인해 하나님을 더 잘 알게 되었고, 우리 영혼 안에 있는 어둠이 물러가고 새로운 생명을 얻게 되었습니다. 예수님이 없었다면 우리는 영원히 어두운 죄와 사망 가운데 묶여 있어야 했습니다. 예수님은 참 생명의 빛이시기에 누구든지 예수님을 그리스도로 믿으면 구원을 받습니다. 그리고 하나님 자녀의 권세를 누리며 살아갈 수 있습니다.

둘째, 말씀이 육신이 되어 오셨습니다.

요한은 예수님을 말씀이 육신이 되어 우리 가운데 거하시는 분이라고 했습니다. 이는 인간의 몸을 입으신 예수님이 우리 삶에 직접 들어오셔서 우리와 같이 되셨음을 의미합니다. 예수님의 오심은 하나님께서 우리를 얼마나 사랑하시는지를 잘 보여 주는 놀라운 사건입니다. 우리와 같이 육신을 입고 오신 예수님은 우리의 고통과 기쁨을 누구보다 잘 알고 이해하십니다 (히 4:15). 참 인간이 되신 예수님으로 인해 우리는 하나님께 더 가까이 나아갈 수 있게 되었습니다.

성육신하신 예수님은 우리를 향한 하나님의 지극한 사랑입니다. 참 하나님이요 참 인간으로 이 땅에 오신 예수님은 우리의 모든 상황과 처지를 알고 가장 좋은 길로 인도해 주십니다. 이 진리를 믿고 그분을 의지하는 사람이 그 은혜 안에 거합니다.

셋째, 은혜와 진리의 선물로 오셨습니다.

예수님은 은혜와 진리로 오신 분입니다. 예수님을 맞이하기 위한 초기 한국교회의 성탄절은 아주 조용하게 시작되었습니다. 1884년 12월 25일 한국교회 최초의 성탄절 행사는 장로교회 의료 선교사 알렌 부부 가정에서 행한 선물 교환과 저녁 만찬이었습니다. 1885년 성탄절도 선교사 가족끼리 선물을 교환하는 집안 행사로 보냈습니다. 그러다가 1887년이 되어서야 조선인이 참여하는 성탄절 예배가 거행되었습니다. 이때 아펜젤러와 언더우드 선교사는 섬기는 교회에서 우리말로 성탄 설교를 했습니다. 그리고 1894년부터는 성탄절 행사를 이 땅에 오신 예수님을 전하는 전도의 기회로 삼았습니다.

우리에게 성탄절은 예수님의 오심을 축하하는 날로 끝나서는 안 됩니다. 은혜와 진리로 오신 그분의 품으로 세상 모든 사람을 초대하는 기쁨의 잔치가 되어야 합니다.

예수님은 세상을 비추는 빛으로, 말씀이 육신이 되어, 은혜와 진리로 우리에게 오셨습니다. 믿음으로 예수님을 내 안에 모신 우리는 하나님의 빛을 경험하고, 그분의 말씀을 직접 듣고, 은혜와 진리 속에서 살아가야 합니다. 어두운 세상에 빛으로 오신 예수님을 기쁨으로 전하는 성탄절을 보내야 합니다.

묵상 질문

1. 삶에서 어떤 일을 통해 빛으로 오신 예수님을 경험했습니까?
2. 예수님과 함께하기 위해 어떤 노력을 하고 있습니까?
3. 은혜와 진리로 오신 예수님을 전하는 방법에는 무엇이 있습니까?

삶에 적용하기

작은 선물을 준비해 어려운 이웃을 찾아가서 예수님의 탄생과 사랑을 전해 봅시다.

중보 기도	**하나님 나라와 건강한 교회와 행복한 가정을 위해 기도합니다.** [나라와 민족, 담임목사와 교회, 선교사와 선교지, 속회원, 전도 대상 등 서로의 기도 제목을 나누고 함께 기도합니다.]
헌금/찬송	**115장 기쁘다 구주 오셨네**
마침 기도	**주님의 기도** [서로를 축복하며 삶의 자리로 나아갑니다.]

2025 속회공과

한국 교회사 속의 예수 그리스도

펴 낸 날 2024년 11월 11일
펴 낸 이 김정석
엮 은 곳 기독교대한감리회 교육국
         http://kmcedu.or.kr
기   획 박상철
집필위원 김석기 박하종 서원석 송민호
         엄택순 윤동규 정영구 정택화
감   수 유영설
펴 낸 곳 기독교대한감리회 도서출판kmc
         서울특별시 종로구 세종대로 149 감리회관 16층
         대표전화 02-399-2008 팩스 02-399-2085
         http://kmcpress.co.kr
등   록 제2-1607호(1993. 9. 4.)
디 자 인 코람데오
인   쇄 천광인쇄사

ISBN 978-89-8430-930-2   03230